"中国共识"丛书

ZHONGGUO GONGSHI CONGSHU

天下归心

『大一统』国家的历史脉络

李勇刚 著

人民出版社

目　录

引　言

中华文明是唯一没有断流的古老文明。5000 年的历史是我们文化自信的源泉。认清了 5000 年，我们就会自然地形成民族自豪感、民族自尊心。

2019 年 12 月 19 日，面对澳门英才学校的师生，国家主席习近平意味深长地谈到文化自信，强调中华文明在世界古老文明中"唯一没有断流"的重要特征。[①] 事实上，习近平主席近年来曾在诸多场合对中华文明的这一独特特征表现出高度的自豪与礼敬。

相比其他古老文明，中华文明之"源"并非最早，但其"流"却绵延至今。大部分古老文明的内核和精髓，早已化作历史的遗存，和今天生活在那里的人们已经没有多少关联。而中华文明的精气神，却在广袤的东亚大陆上生生不息。

抗日战争期间，北大、清华、南开等高校远迁昆明，组建西南联合大学，在战火纷飞的年代弦歌不辍，保育民族之元气。抗战胜利后，三校复校。曾任西南联大哲学系教授兼文学院院长的冯友

---

① 《习近平主席视察澳门濠江中学附属英才学校特写：一堂面向未来的历史课》，《人民日报》2019 年 12 月 20 日。

兰,以沉郁顿挫之笔触,写下《国立西南联合大学纪念碑》。碑文写道:

> 我国家以世界之古国,居东亚之天府,本应绍汉唐之遗烈,作并世之先进,将来建国完成,必于世界历史居独特之地位。盖并世列强,虽新而不古;希腊罗马,有古而无今。惟我国家,亘古亘今,亦新亦旧,斯所谓"周虽旧邦,其命维新"者也!

中华文明"亘古亘今,亦新亦旧",没有断流,靠什么?

2014 年 11 月 11 日,北京,中南海瀛台。

习近平主席与前来访华的时任美国总统奥巴马举行了一场"不打领带"的轻松会晤。月朗风大,水波荡漾,两位大国领导人就许多问题深度交换意见。在谈及主权问题时,习近平主席说:

> 中国文明从一开始就重视"大一统"……历史多次证明,只要中国维持大一统的局面,国家就能够强盛、安宁、稳定,人民就会幸福安康。一旦国家混乱,就会陷入分裂。[①]

2019 年 10 月 31 日,习近平总书记在中共十九届四中全会第二次全体会议上的讲话中指出,中国特色社会主义制度和国家治理体系具有深厚的历史底蕴,并专门提到"六合同风、四海一家的大一统传统"。[②]

[①] 《习近平:中国在民意方面比西方国家追求得更多》,人民网,2014 年 11 月 15 日,见 http://ah.people.com.cn/n/2014/1115/c358314-22911581.html。

[②] 习近平:《坚持和完善中国特色社会主义制度 推进国家治理体系和治理能力现代化》,《求是》2020 年第 1 期。

中华文明为何流而不断？"大一统"功不可没。

"文明"的内核，是一群人的"活法"背后那种相对稳定的"看法"和"想法"。"活法"是生活方式，"看法"是价值观念，"想法"是思维方式。"活法"会有很多表象上的复杂变化——世事变化无常，人群聚散离分。但奇怪的是，在几千年的历史里，中华大地上这群人，就算一时散开，还总能靠着"大一统"的强劲传统聚在一块儿，把自己的"看法"和"想法"一代一代地传递下去，由此保证"活法"的内核如如不动。

"大一统"之于今天的意义，还不止于此。

经过几千年的历史演进，"大一统"三个字所留下的，是一个让人叹为观止的超大规模共同体。这个共同体的维系，首先需要中央政府拥有足够的政治向心力，否则，就会带来地方割据、国家分裂，甚至社会动荡。"为政以德，譬如北辰，居其所而众星拱之。"①"民惟邦本，本固邦宁"②。政治向心力并不神秘，就看执政集团是否注重"德治"，是否以民为本。今天，在全心全意为人民服务、具备先锋队性质的中国共产党的坚强领导下，我们不仅有九百六十多万平方公里的广袤国土，实现充分组织和整合的十四亿多人民，还有几千年流而不断的文明传统。这个共同体不仅有横向的广度，更有纵向的深度。这些要素，是我们实现中华民族伟大复兴的"基本盘"。

经过几千年的复杂互动，"大一统"三个字所蕴藏的，是对这

---

① 《论语·为政》。
② 《尚书·五子之歌》。

个超大规模共同体内部的差异性和多样性的包容与融合。基于"和而不同"的传统,"大一统"并未主张同化或消灭差异,恰恰是要充分尊重和包容差异。因为只有各种具有差异性的要素在时间的洪流或细流中交融和演变,才能造就更能适应环境变化的新事物。所谓"和实生物,同则不继","生"才是目的,"和"是实现"生"的方式。正是基于这个逻辑,各个民族在千百年交往交流交融中最终形成不可分割的"中华民族",各个民族才能"像石榴籽一样紧紧抱在一起",铸牢中华民族共同体意识;各个外来宗教传入中国后,都能够被中华文明所包容和吸纳,最终成就更为宏阔的文明格局。

经过几千年的风霜雪雨,"大一统"三个字所涵养的,是每个中国人内心深处的家国情怀。"我们都有一个家,名字叫中国。兄弟姐妹都很多,景色也不错。""我们的大中国,好大的一个家。""遥远的东方有一条江,它的名字就叫长江。遥远的东方有一条河,它的名字就叫黄河。""古老的东方有一条龙,它的名字就叫中国。古老的东方有一群人,他们全都是龙的传人。"……不用讲太多理论,只要听到这些歌曲,每个中国人内心都会升腾起对于祖国与家园的那种几乎发自本能的热爱与眷恋。是的,这就是中国人的家国情怀,它深植于几千年的"大一统"传统之中。有了这种情怀,当国家分裂时,无数中华优秀儿女会"但悲不见九州同",纷纷抛头颅、洒热血,让国家重归统一;当国家危难时,无数中华优秀儿女会"捐躯赴国难,视死忽如归",让国家走出危局;当国家统一时,无数中华优秀儿女会"夙兴夜寐"、"废寝忘食",投身建设事业,让国家更加富强。

经过几千年的经验累积，"大一统"三个字所擅长的，是广袤疆域内各种人财物资源最大限度的流动与优化配置。早在秦朝时，我们就建构起以首都为中心、辐射全国的交通网络，打造出覆盖不同经济区域的物流格局，并通过统一度量衡消除各地之间互通有无的障碍。从隋唐时起，我们通过修筑大运河，把中原和江南更加紧密地联系在一起，避免南北经济的分立冲击国家的统一。今天，我们拥有全世界领先的立体交通网络，尤其是高铁和重载铁路，在现代工业技术的条件下对广袤疆域内的各种资源进行优化配置。这背后的基本逻辑，和"大一统"的传统一脉相承。

经过几千年的治理实践，"大一统"三个字所锻造的，是中央政府在各个地区间强有力的统筹协调能力。比如，在古代的科举实践中，"分数面前人人平等"的原则并不能得到完全的贯彻，录取名额反倒会向落后地区倾斜。因为只有这样，才能鼓励那些地区的学子们一心向学，通过科举积极参与"大一统"国家的政治治理，进而让落后地区的文教不至于荒废。这实际上是中央政府对政治资源的统筹协调。比如，在今天的国家财政体系中，有一部分来自东部发达地区的财政收入，会被转移支付到中西部地区。有些西部县市的地方财政收入，甚至有90%以上来自中央政府的转移支付。规模巨大、常年持续的援疆、援藏，更体现了中央政府统筹内地优势资源，对西部地区的大力照顾。"大一统"国家政权所推崇的，恰恰是"损有余以奉不足"的"天之道"，而非"强者愈强，弱者愈弱"的"马太效应"。更让人们印象深刻的是，面对新冠肺炎疫情这一巨大挑战，中国中央政府沿用了汶川地震抗震救灾时所采用的"一省包一市"的模式，在极短的时间内，用强有力的整体协调快速克服了局部性的挑战，避免了疫情的整体性蔓延，与一些西方国家在应对疫情时的相互扯皮、推诿责任形成鲜明的对照。

经过几千年的交往交流，"大一统"三个字所期许的，还有整个已知世界的和平与稳定，以及各个地区的共同发展。中国古代的天下体系并不注重将所有的地区纳入疆土进行直接治理，而是希望通过礼仪体系，为当时的已知世界建构一个普遍化的文明秩序，从而实现和平与稳定。为实现这个目标，古代中国强调"厚往而薄来"，照顾周边欠发达地区的经济利益，承担自己的国际责任。今天，面对地区发展不平衡，面对环境污染、气候变暖、新冠肺炎疫情等全球性挑战不断加剧，不少民族国家仍然各自为政，一些超级大国还在强调本国利益优先。在这种情况下，中国政府坚持推进"一带一路"倡议，"欢迎世界各个国家搭中国发展的便车"，致力于构建人类命运共同体，为优化全球治理提供超越民族国家格局的、更普遍的公共物品。鲜明的对比背后，彰显了大国的责任与担当，也让人们看到了古老文明基因的时代光芒。

……

"六合同风、四海一家"，看似一个遥不可及的愿景，其实早已一点一滴凝聚在中国人几千年来的"大一统"追求与实践之中。

这是一个远超很多人想象的丰富传统。就其大者而言之，中华文明的"大一统"传统，追求疆域领土的统一，推崇中央政府的权威，注重文化共识的凝聚。"大一统"所反对的，是国家的四分五裂、地方的各自为政，以及价值观的虚无混乱。

今天的中国人，大多从小生活在中国这个超大规模共同体之中，可能对其早已习以为常，觉得一切理所当然。不过，美国著名汉学家费正清当年却发出过这样一个感叹：

> 可以翻一下世界地图。全欧洲和南北美洲住着 10 多亿人。这 10 多亿人生活在大约 50 个主权独立的国家，而 10 多亿中国人生活在一个国家里。这个惊心动魄的事实，全世界中学生都是熟悉的，但是迄今为止几乎没有人对它的含义做过分析。①

本书试图走进历史时空的深处，对这个"惊心动魄"的事实的含义略作分析。

---

① ［美］费正清：《伟大的中国革命》，刘尊棋译，世界知识出版社 1999 年版，第 14 页。

第一章

从中西之别讲起

要想认识自身文明的特性，可以找一个关系密切但截然不同的"他者"来做对比。对中华文明而言，在隋唐的时候，这个"他者"叫做"印度文明"；在今天，这个"他者"无疑是西方文明。

一、西方之"分"与中国之"合"

理解了西方与中国的差异，有助于更好地理解中国。面对中西文明的诸多差异，不妨从分、合二字谈起。

（一）一个鲜明的对比

2500 多年前。

西方有璀璨夺目的古希腊，中国有异彩纷呈的春秋战国。希腊的雅典学园，令多少人魂牵梦绕；中国的百家争鸣，同样令多少人心驰神往！那些灿若群星的思想巨子，那些穿透历史的精辟见解，至今都是人类文明的宝贵财富。所谓"轴心时代"的说法，并不带有太多夸张的色彩。然而，世易时移之后，二者的差异是显而易见的：曾经强盛的古希腊，最终走向裂变，文明的光辉在巴尔干半岛的南端一度黯淡，只好借他者的有限传承在千百年后异地再生；而经历春秋战国的分裂，中国却在秦朝走向统一。尽管后世不乏改朝换代，文明的光辉在这片东亚大陆上始终不曾熄灭。差异何以产生？那些伟大的希腊哲学家，思考的眼光很少超出几万或几十万人口的小小城邦；而中华大地上的诸子百家，一出手就放眼家国天下，思考如何"定于一"的重大课题。

2000 多年前。

在亚欧大陆的西端，罗马帝国以三军扫六合之态势，建立横跨亚非欧的帝国，甚至把地中海都曾变成自己的内湖。在亚欧大陆的东端，秦汉王朝也不遑多让，不仅结束战国的长期分裂，而且还"凿空"西域，勾连中亚。著名的丝绸之路，正是因为这两个大国的存在，才获得其起点和终点。

1600 多年前。

两个大国的历史，出现某些转折。随着整个地球进入小冰期当中的相间隔冷期，走投无路的北方游牧民族不断南下，中国和罗马帝国几乎同时遭受来自北方的攻击。作为罗马帝国分裂后在欧洲的继承者，西罗马帝国被打散，欧洲遍地是一大堆"蛮族"建立的小王国，相互之间攻伐不断，整个欧洲再难聚合。即便强悍如中世纪的查理曼大帝，威猛如近代的拿破仑，也只能带来局部地区的一时整合，很快就被区域性的反抗力量所瓦解。反观中国，也曾经历近四百年的"大分裂"，南下的少数民族也曾纷纷建国，最终却在分裂之世实现民族大融合，为统一奠定基础。结束分裂的隋唐王朝，不仅继承了秦汉法统，而且立国规模更为宏阔，其统治者本身具有少数民族血统。宋辽金虽然分别立国，但都尊奉中华政教体制。宋代之后，中国再也没有长期的大分裂。

今天。

知·识·链·接

从整体上看，中国的历史是一部在政治上富有成功经验的历史，而且今天还在以"人民共和国"的形式继续存在着。这跟在西方企图实现持久的政治统一和和平而没有达成的罗马帝国的历史，形成了鲜明的对照。①

作为西方文明大本营的欧洲，历经千辛万苦终于攒出一个"欧盟"，但英国却上演旷日持久的"脱欧"戏码，最后竟变成现实；而实现现代转型的中国，依然作为一个整体，以一国之地聚合着全世界最多的人口，屹立在世界的东方。

总体而言，西方历史之重点是"分"，中国历史之主流在"合"。

(二) 源自人心深处的聚合之力

不管与各大古文明相比，还是与长期以来代表强劲"西风"的欧洲相较，或者放眼当今世界200多个国家和地区的现状，中国之所以数千年屹立东方，之所以最终没有散摊子，靠的就是"大一统"

① [日]池田大作、[英]阿·汤因比：《展望21世纪》，荀春生、朱继征、陈国良译，国际文化出版公司1997年版，第278页。

之"合"。

　　说"大一统"是中国历史的主流，可能有人不服气。随便翻翻中国的历史，对比分裂的时代和统一的时代，前者的时间好像不算短！翻开《三国演义》，开篇一句就是"话说天下大势，分久必合，合久必分"。如此说来，好像分与合的交替循环，才是历史的本来面目，是历史的"实然"？非也！考诸史实，中国历史上统一的时间超过分裂的时间。更重要的是"应然"——就算在那些动荡分裂的年代，不论是老百姓，还是知识分子、执政集团，念念不忘的都是统一，最为痛心的是"但悲不见九州同"！在这片土地上，永远有一种源自人心深处的聚合之力，永远有一种不必经过太多反思的一统之愿，永远有分裂非常态、统一最可期的底层共识。这种"应然"层面上的"大一统"偏好，值得人们深思。

　　如若不信，不妨再仔细看看《三国演义》。有人认为，三分魏蜀吴，各自求偏安。非也！所谓"蜀国"的名称，其实是后世追加的称呼，而非其本来的国号——"汉"。刘备（161—223）作为被汉献帝（181—234）确认的汉室皇叔，称帝后一直以继承汉家正统自居，怎么会自称为"蜀"？魏和吴的开国年号分别叫"黄初"、"黄龙"，为何会不约而同由一个"黄"字开头？原来，在当时盛行的五德终始说看来，汉代属于火——所以汉又被称作"炎汉"，按照五行相生的"火生土"原则，继起的正统当属土，而黄色正是土的颜色。不论魏或吴，都希望继承汉代的正统，由自己打造新的一统！从历史事实来看，强大的曹魏集团发动赤壁之战，谋求的是统一；实力最弱的蜀，不自量力地多次北伐中原，其动机在于"汉贼不两立，王业不偏安"；就算看似胸无大志的吴国，其开国之君孙权（182—252）也因为没能够统一天下，而不愿意准备只有天子才有资格享有的郊祀之礼。

若还不信，不妨再看看近代以来的史实。1840 年以来，中国逐渐沦为列强的半殖民地，中华民族衰微到极点，深陷历史之低谷，甚至面临亡国灭种的危机。当此之际，一大批各阶层的精英，一边倒地向西方求取真经。但不管怎么学，不管学什么，他们念兹在兹的，仍然是救亡图存，仍然是保国保教，仍然是要保住并重建中华民族的"大一统"。

"大一统"三个字，是中华民族共同体的底层共识，是谁也不敢轻易触碰的政治底线。

二、地理气候因素的影响

人生天地间，逐渐发展出各具特色的文明。"天"和"地"，尽管不是主宰者，但对于人类文明形成一种"硬约束"。因此，有必要考察中西地理与气候的差异。[①]

---

① 此节部分内容及本章第三节第一小节部分内容，主要参考刘哲昕：《我们为什么自信》，学习出版社 2018 年版，第 2—14 页；刘哲昕：《精英与平民：中国人的民主生活》，法律出版社 2014 年版，第 5—12 页；刘哲昕：《文明与法治：寻找一条通向未来的路》，法律出版社 2014 年版，第 20—24、59—69 页。此外还有韩毓海：《龙兴：五千年的长征》，中信出版社 2019 年版，第 3—7 页。参考内容做了较大程度的转写与演绎，故不再标出具体页码。

（一）西方海洋文明的离心力

西方文明最古老的大本营是欧洲，欧洲四周多半岛和岛屿。小岛就不细说，单说大的——从北边的斯堪的纳维亚半岛，到西北角的不列颠群岛，到西南边的伊比利亚半岛，再到南边的亚平宁半岛，东南的巴尔干半岛。在某种意义上，整个欧洲就是一个三面环海的"大半岛"——其北边是北冰洋，西边是大西洋，南边是地中海，再往东南还有黑海。粗略地说，欧洲地理的整体态势，就是一个大半岛带着一堆小半岛和岛屿。半岛和岛屿意味着"离心力"。主要原因并不复杂：交通不方便。半岛三面环水，只有一个狭窄的区域与主体大陆相连——甚至二者之间还有山来挡道：西班牙、葡萄牙所在的伊比利亚半岛，和主体大陆之间横亘着一座比利牛斯山；意大利所在的亚平宁半岛北部，是高高耸立的阿尔卑斯山。岛屿更是四面环水，孤悬海外。山海重重阻隔，交通之不便可想而知。

据统计，半岛和岛屿的面积，加总在一起占整个欧洲面积的三分之一，大概33.3%。久而久之，欧洲政治经济力量的重心，就更容易分散在四周。相比之下，中国的半岛和岛屿只占国土面积的1.6%。

地理要素使得欧洲的离心力不可避免，气候要素更让这种离心力变本加厉。

人类所栖居的地球大体是一个圆球形。赤道地区常年受太阳光直射，周围海面的水蒸气蒸发特别迅猛。这些水蒸气蒸发到空中，形成强大的气流。这些气流如何流动呢？因为地球自转的方向是自西向东，所以该气流总体的流向是自东向西。地球是圆球形而非圆柱形，在自转的过程中会形成一种巨大的"偏转力"——纬度低的区域，圆圈比较大，而纬度高的区域，圆圈比较小，但它们都围绕同一个"轴"在旋转，所以相对而言，纬度低的区域，地面的自转速度比较高，而纬度高的地区，地面的自转速度相对低。到北极点或南极点，这个速度减弱到零。因为这种速度差异的影响，就产生一种"偏转力"。在地球自转偏转力的作用下，该气流不会往正西方流动，而是会形成偏转——在北半球向右偏，在南半球向左偏。因此，在北半球海域，形成起自赤道区域、从东南向西北流动的强大气流，在气象学上称之为"强热带气旋"。来自太平洋的强热带气旋，袭击中国东南沿海，形成人们熟知的"台风"。而来自大西洋的强热带气旋，则会袭击美国的东南沿海，在那里被称为"飓风"。

在航海技术落后的古代早期，面对台风带来的风急浪高，中国沿海的先民要想大规模出海，难度就比较大，最多趁间隙时期出海打鱼罢了。台风每年都来，海洋文明在那里就难以获得有效的积累。相比之下，欧洲一带的海域风浪要小很多。起自大西洋的强热带气旋，袭击的是北美洲的东南沿海，不可能调转风头去袭击欧洲；起自太平洋或印度洋的强热带气旋，就算真能跨越广袤的亚欧大陆吹到欧洲，也是强弩之末。于是，欧洲要发育出高度发达的海洋文明，难度就要小很多。

（二）西方文明重心的转移

西方文明重心的转移，大致遵循着上面说的逻辑。

早先，希伯来文明兴起于地中海深处的沿岸，然后是璀璨的希腊文明发育于巴尔干半岛南段；再一步步往地中海中间走，是以亚平宁半岛为基地的、高度发达的罗马文明；再移向地中海和大西洋的交汇区域——16世纪以来，在伊比利亚半岛上兴起的西班牙和葡萄牙，把人类带到大航海时代；接着，位于北海岸边的荷兰，以"海上马车夫"的形象崛起于17世纪；到18世纪，西方文明的重心转移到大西洋上，就是以不列颠群岛为中心、在工业革命中兴起的大英帝国，而其周边的法国、德国也随着工业技术的传播逐渐兴起；受惠于大航海带来的殖民地的开拓，大西洋彼岸的美国逐渐兴起，并在相当长的时期内主导着整个世界格局。西方文明的重心，总体上是从地中海的深处，一步步走向大西洋的边缘，甚至转移到大西洋的彼岸。

总之，从地理上看，欧洲四周本来分布着大大小小的半岛和岛屿，容易形成离心力；而气候条件又有利于这些半岛和岛屿发育出高度发达的海洋文明，导致政治、经济、文化等资源进一步向四周集聚，从而加重了这种离心力。相比之下，欧洲大陆的中心区域受到四周离心力的"撕扯"，变得相对"空心化"，缺乏足够的向心力来对冲这些离心力。

不妨作一个脑洞大开的"假设"——如果地球不是自西向东自转，而是自东向西自转，会带来什么结果？毫无疑问，来自太平洋的强热带气旋，会"绕过"中国而去袭击美国的西南沿海，而来自大西洋的强热带气旋，则会去袭击欧洲西南沿海，而不是美国东南沿海。如此一来，风急浪高的欧洲海域，要想发育出高度发达的海洋文明，就会有相当大的难度，而中国的东南沿海，说不定反倒能发育出相当程度的海洋文明——这绝不是在贩卖庸俗的地理决定论或气候决定论，但须知地理和气候对人类活动有着莫大影响，尤其是在文明发育的早期。越到后期，技术的进步会部分抵消这种影响。不过，早先形成的历史惯性和文明根性，绝不能轻易忽视。

（三）影响中华农耕文明的几个要素

中国早期不能发育出高度发达的海洋文明，是否就没有出路呢？当然不是。有人说，上帝给你关上一扇门，同时又会打开一扇窗。而且，这扇窗户还足够大，叫做"农耕文明"。

讲到中国农耕文明的缘起，需要从一个非农耕区讲起，那就是青藏高原。

距今 8000—300 万年之间，印度板块持续向北漂移，并不断向亚洲板块下面插入。经过复杂的地质运动，青藏高原逐渐隆起。中国地势西高东低的整体格局，由此基本形成。青藏高原的南部边缘是整体上东西走向的喜马拉雅山，而青藏高原本身的面积又足够广袤，阻隔了来自印度洋的暖湿气团的有效北上，造成中国西北地区以温带大陆性气候为主，特别干旱少雨，逐渐形成广袤的沙漠和戈壁。

青藏高原耸立在北半球的中纬西风带当中，其宽度大约占西风带的三分之一，甚至把西风带的近地面层分为南北两支。南支气流沿着喜马拉雅山南侧向东流动，北支沿着青藏高原的东北边缘向东流动，途经西北的沙漠和戈壁。另外，从西北吹向东南的冬季风，也途经西北的沙漠和戈壁。风裹挟黄沙，遮天蔽日，形成今天人们谈之色变的"沙尘暴"。说句"公道话"，沙尘暴在今天确实是环境污染，但在古远的时代，却是对中华文明的伟大"馈赠"。为什么？

黄沙在风力的裹挟之下，整体上自西北向东南运动，但所过之处并非一马平川——东边，有太行山脉等着；南边，有秦岭等着。受到高山阻挡，风速慢慢减弱，黄沙被迫沉降。经过数百万年的沉降，大自然完成了一项杰作，那就是广袤的黄土高原。目前关于黄土高原成因的主流学说，就是"沉降说"。在这片广袤的高原上，黄土到底有多厚？一般的地方是80—120米，最厚的地方超过400米——这就是自然的伟力！不像南方的红土因含铁而坚硬，也不像东北的黑土虽然肥沃但厚度只有一米，这层源自沙尘的黄土细软而深厚。在技术落后的原始时代，先民们靠木石或骨头做的农具就可以轻易开垦。

农业看似简单，其实也很"娇贵"，光靠土壤条件是不够的，还需要降水。而黄土高原位于400毫米等降水线的南边——青藏高原隆起带来的热源效应，使得夏季来自太平洋的东南季风可以更加有效地长驱直入，把暖湿气流送达黄土高原一带。

土壤和降水之外，农业还需要适宜的气温。据著名气象学家竺可桢考证，大约在距今8000到3000年前，地球处于"全新世大暖期"，平均气温比当今高2—4℃。这个温差，能带来多大影响？当地球全年的平均气温比当今高这些，意味着当年黄河流域的气温和当今的长江流域差不多，非常温暖湿润，正好适合农耕；而当时的长江流域大概和当今的东南亚差不多，湿热难耐。在农具还比较原始的时代，面对长江流域密布的森林，很难实现大规模有效开发。

> 我家住在黄土高坡
>
> 大风从坡上刮过
>
> 不管是西北风还是东南风
>
> 都是我的歌，我的歌……

这首人们耳熟能详的歌曲《黄土高原》，其实颇为"科学"：西北风带来黄沙，造就了黄土高原；东南风带来充沛的降水；再加上当时适宜的气温条件，农耕就在黄土高原率先发展起来，由此而有高度发达的农耕文明，并成就黄土高原成为中华文明早期的摇篮。

讲完"风"再讲"水"。"大河向东流"——中国的地形总体上西高东低，呈三级台阶。黄河九曲拐弯，最终"奔流到海不复回"。须知黄河不是一个大"几"字形而已，而是包括众多支流的一大片"流域"。黄河及其庞大的支流网，流经土质疏松的黄土高原，裹挟大量的黄沙，不断向下游冲刷。经过数百万年的漫长岁月，在淮河、海河以及滦河等河流的共同作用下，广袤的华北平原逐渐形成。该平原与黄土高原大体位于同一纬度，且离海洋更近，降水量更为充沛，气温条件也差不多，同样适合早期农耕文明的发育。

(四)核心农耕区：向心力的来源

黄土高原有赖风，华北平原多亏水。一个黄土沉降形成的黄土高原，加上一个河流冲积形成的华北平原，形成中华文明早期的核心农耕区。值得关注的是这个区域的面积——将近 100 万平方公里。放眼当时的世界，很难找到第二个面积如此广袤、条件如此优越的核心农耕区。在东亚大陆上，该区域农作物形成的产出，超出周边所有地区物产的总和。

这就是广义的"中原"。

基于农耕文明的比较优势，中原地区对周边地区形成强大的辐射和吸引的作用，产生强大的"向心力"。

"中原"之外，还有"江南"。随着气温的下降、农耕技术的进步，以及南北对峙、王朝偏安等因素的影响，从三国时代开始，江南陆续得到开发。到南宋，中国经济重心完成南移。古人敏锐地捕捉到这个变动，通过举朝廷之力修筑大运河等措施，保证中原和江南的有效连接，让两个庞大的农耕区连成一片，共同成为中国向心力的重要来源。

这个强大的向心力，足以对抗来自周边地区的"离心力"。

中国周边的半岛和岛屿并不多，这种离心力从何而来？幅员辽阔的中华大地，拥有中原、江南、草原、雪域、西域和海洋等不同的地理区域。基于地理上的多样性，各个区域的人们在活法、看法和想法方面势必呈现各自的特色。这造就了中华文明的丰富与博大，但也带来一定程度的"离心力"。而来自核心农耕区的强大向心力，最终将各个区域紧密地连接在一起，形成一个独特的"天下国家"。

这个"天下国家"也被称为"文明型国家"，和欧洲威斯特伐利亚体系下的民族国家原本是两个"物种"。民族国家的理想状态是"一个民族,一个国家",但中国自古以来就是多民族的。不光多民族,而且多宗教。如何发挥文明的伟力,让多种不同的民族和宗教等要素在同一个政治共同体中和谐共生,而不是相互隔离各过各的,才是这个"文明型国家"自古以来的首要关切。从一种动态的眼光来看,所谓"中国",或可看作是一套基于强大的向心力,而包容各种多样性的复杂机制。

在当前民族国家格局占据主导的情况下,思考中国之特性,需要有这种"文明自觉"。正是基于复杂的多样性,中国最终成为一个"超大规模国家"。这种"超大规模性",是思考中国问题的一个重要前提。"大"不是在量上的简单增加,而是内部机制复杂性的成倍上升。如果"以小观大",简单地拿"民族国家"的理论对中国历史与实践"削足适履",在思考的出发点上就走偏了。

三、同心圆格局与拼图格局

如果对中国之"合"与西方之"分"做个简单的描摹,大致可以认为:基于长期的大一统形成的向心力,中国社会形成一种由周边向中心辐辏的同心圆式的格局;而由于漫长的分裂所造成的离心力,欧洲社会形成的是相互撕扯的拼图式的格局。

(一)结构上的根本差异

对于同心圆来讲,整体先于部分;对于拼图而言,部分先于整体。在同心圆格局中，圆心必须占据物质财富和精神世界的制高点，用它的辐射力、吸引力和感召力，把周边各个圈层紧密地凝聚在一起，达成有机的融合。中国人讲"远人不服，则修文德以来之"①，主要靠发自内在的文明浸润，而非简单的武力威慑，把各个圈层团结起来。这背后是"柔远能迩"的王道理想，是"天下一家"的和平愿景。而在拼图格局中，大家谁都不服谁，造成战乱频仍，直到终于明白谁也灭不掉谁，只好靠外在的契约、法律或宗教把各个部分机械地拼合起来。但这种拼合的背后，却藏着"恃强凌弱"的霸道逻辑，以及"弱肉强食"的丛林法则。

对于中国的同心圆格局，可以从中国早期的"畿服制度"中获得直观印象。《尚书》甚至把畿服制度推到夏朝。尽管古代文献中有"五服、三服、六服、九服"等不同的说法，但其内在的机理，都是以王畿即首都为圆心，一圈一圈不断往外推展，一圈就是一服。每一服对天子所承担的义务，由内而外不断减少。尽管古人描述的畿服制度有理想化的色彩——比如每一服所占的半径长度相等，在现实中显然不可能，但这个制度背后的同心圆逻辑，却是一以贯之的。就算到当今，北京、上海、成都等中国很多大都市的主干道，也是从一环、二环不断修到三环、四环等，像摊大饼一样不断往外推展。这在交通上或许会带来拥堵的麻烦，但中国人依然乐此不疲，一个原因或许就是同心圆格局的心理偏好。又比如，北京作为首都，并不是地理意义上的中心，但中国最重要的高速公路，

---

① 《论语·季氏》。

从 G1 到 G7，从 G101 到 G112，却是以北京为中心，按照顺时针方向，像放射线一样通向全国。这也反映了中国人对同心圆格局的"执着"追求。

对于欧洲的拼图格局，一个直观的印象是当今欧洲诸国林立的地图。实际上，这已经是一个"改良版"。比如，当年的古希腊并不是一个统一的国家，更没有统一的中央政府。那里一度存在着 150 多个相互独立的小邦。因为共同崇拜奥林匹斯山上的众神，才被认为同属于古希腊。又比如，在 1618—1648 年的 30 年战争期间，整个德国地区存在着 360 多个邦国和 1400 多个独立的骑士领地——这甚至不能叫拼图，简直是"二维码"！一些人梦想重建理想中的罗马帝国，可谓"难于上青天"。最后，分裂自治成为欧洲的常态。

（二）从"满天星斗"到"月明星稀"的背后

中国的同心圆格局，有一个历史发展的过程。

在苏秉琦、严文明等考古学家的研究中，可以找到这种"同心圆"格局最初的身影。在距今 4000 年前的远古时代，中华大地上曾经出现"满天星斗"或"重瓣花朵式"的格局。在新石器时期，山东地区、中原地区、长城地带、辽西地区、甘青地区、长江流域等各个区域的文化，像天上的星斗交相辉映，像层层的花朵彼此交叠，但尚无一个统御全局的核心。① 但是，在距今 4000—3500 年前，位于中原的二里头文化逐渐一家独大，璀璨夺目，周边再没有可以

———————————

① 参见李伟：《中国文明的形成：从满天星斗到多元一体——专访探源工程负责人之一、北京大学考古文博学院院长赵辉》，《三联生活周刊》2012 年第 40 期。

与之匹敌的文化，就像是"月明星稀"。因此，中国新石器时代的文化并不是一种单线的进化，而是有一个从"满天星斗"到"月明星稀"的发展脉络。考古学家许宏倾向于把二里头作为"广域王权国家"，并认为"中国最早的王朝也只是到那时才出现"。[1]

从"满天星斗"到"月明星稀"，一个同心圆格局依稀成型，至少是中原这个圆心得以凸显。

对于同心圆格局形成的动因，有多个角度的解释。毛泽东曾说："中国统一，为河与外族进攻二事。分裂则二事皆不能办。"[2]

面对大洪水，西方人靠上帝——上帝指示人们造出诺亚方舟让自己躲起来；中国人靠自己——大禹集结众人之力，与洪水作斗争。据说，大禹治水还有一个"副产品"——正是在治水的过程中，中国的内部交通被打通了，各个地区获得了统一的联系，而早期中国的版图由此奠定。《尚书·禹贡》就记载了九州的山川、河流、物产等信息，尤其是交通道路网。尽管《禹贡》被认为是后人托名大禹而作，但将"别九州"的功绩归诸大禹，当不是空穴来风。据说，在治水的过程中，大禹还被各部落赋予了独断的权力。正是基于这种权力，最早的夏王朝得以形成。

小　结

当前，要想理解中华文明的特征，有必要将其与重要的"他

---

[1]　参见许宏：《何以中国》，生活·读书·新知三联书店 2016 年版，第 107 页。
[2]　《毛泽东读文史古籍批语集》，中央文献出版社 1993 年版，第 274 页。

者"——西方文明相比较。考察历史，西方的特点是"分"，而中国的主流是"合"。中国之所以数千年屹立东方，之所以最终没有散摊子，靠的就是"大一统"之"合"。

这个差别的背后，有地理和气候方面的诸多复杂因素。西方文明以欧洲为渊薮。欧洲四周多半岛和岛屿，因海域风浪较小，容易发育出高度发达的海洋文明。这使得欧洲受到来自四周的离心力的撕扯。中国东南受台风的影响，海洋文明难以发育到欧洲的程度，但土壤、降水和气温等条件得天独厚的中原和江南，却成为农耕文明的宝地。欧洲海洋文明以四周的半岛和岛屿为重心，最终形成一种"离心力"主导下的拼图格局。中国核心农耕区则对周边形成强大的吸引力，最终形成一种"向心力"主导下的同心圆格局。二者最大的差别在于，对于同心圆格局来讲，整体先于部分，"合起来"是头等大事；对于拼图格局而言，部分先于整体，"分清楚"更为关键。

气候和地理的因素为中国同心圆格局的形成提供了难得的"硬件"。不过，更重要的是发挥人的主观能动性，开发出更为有效的"软件"，并不断基于时代挑战而升级换代，才能不断维护"大一统"，保持同心圆的格局。

因此，需要重点关注"大一统"建构过程中，那些起承转合的历史节点，那些生成一些关键性要素的重要时段。

"大一统"的初步奠基，可以追溯到殷周之际。

第 二 章

殷周之变：从尊神到敬德

著名学者王国维断言：“中国政治与文化之变革，莫剧于殷周之际。”[①] 殷周之变的重要线索，是从“尊神”到“敬德”的转变：从殷商时代尊奉神灵的旨意，到周朝敬重人自身的德行。这是从宗教到伦理的转变——即便不是决绝的“上帝之死”，也是“上帝的退隐”。据此，“大一统”获得了牢固的道义基础。

一、殷商的天命观

按照今天的政治学话语，“天命”关系着政治合法性的问题。殷周之际，天命观发生了重大变化。

（一）殷商原本很强大

公元前 1046 年左右，周武王姬发（？—前 1043）率领周与各诸侯的联军，起兵讨伐商纣王（约前 1105—前 1046），“战一日而

_____

① 王国维：《观堂集林》（上册），中华书局 1959 年版，第 451 页。

破纣之国"。这就是人们熟悉的"武王伐纣"。

当周武王取代殷商、得到天下之后,最大的感受是什么呢?按常理讲,应该是满心高兴。可是,《史记》中的相关记载却是:

　　武王至于周,自夜不寐。①

周武王攻下殷都朝歌不久,就班师回朝。回到周地,整宿睡不着觉。取得了这么大的胜利,为什么还忧心忡忡?

胜利来得太快太突然,可能超过了武王的预期。

当时,政治上基本处于部落联盟的状态。立足于中原大地的殷商,作为一个部落,原本实力不俗,才能稳坐联盟首领的位置。

殷商文明曾经非常辉煌灿烂,其青铜铸造技术在当时首屈一指。

比如,殷商的后母戊鼎,鼎高 133 厘米,口长 110 厘米,口宽79 厘米,重达 832.84 千克,是迄今为止发现的全世界最大的古代青铜器。该鼎的器身和四足都是整体铸造的,鼎耳则是在鼎身铸成之后,再装范具浇筑而成。这个庞然大物的鼎身四周,还有精巧的盘龙纹和饕餮纹,鼎足上还有蝉纹,线条清晰逼真。腹内壁铸造的"后母戊"三个字,笔势雄健,体态丰腴。想想都令人惊讶——如此一尊体积巨大、造型精美的大鼎,竟然是在那么久远的年代铸造的。须知造这样一尊大鼎,不仅要制作模具、范具,还要想办法把青铜加热到熔点——尽管青铜的熔点不算高,但对当时的人们而言已不容易;还要组织和协调大规模的人力资源进行社会分工,最后

---

① 《史记·周本纪》。

才能制造出这一"镇国之宝"。用今天的话说，一尊后母戊鼎背后，是殷商在青铜工艺方面完整的"产业链"，是一种跨区域和跨行业的协作生产机制。

殷商留下来的青铜器，何止一尊后母戊鼎。殷商的青铜器具横跨礼器、乐器、兵器、工具、生活用具、装饰艺术品和车马器等多个门类。仅一个妇好墓，就出土了468件之多，而且种类齐全；殷墟更是出土了四五千件青铜器。这样一种强大的青铜铸造能力，不仅支撑起殷商的物质文明和精神文明，而且还支撑起殷商强大的军事实力——所谓"国之大事，在祀与戎"[①]。制造礼器和制造兵器，在核心技艺上差别不大。这种技艺，是殷商"科技硬实力"的重要保障。

另一方面，殷商还有高度发达的甲骨文。

据统计，从1899年首次被发现到2019年甲骨文发现一百二十周年之际，已知出土商周刻辞甲骨的总数约为16万片。[②]从商王盘庚迁都殷商到商纣王，其时间跨度达273年。上面所记载的内容，涉及商代社会生活的诸多方面，不仅包括政治、军事、文化、社会习俗等内容，而且涉及天文、历法、医药等科学技术。甲骨文具备对称、稳定的格局，具备用笔、结字、章法等书法三要素。甲骨文上面刻写的单字约有4500个，从已识别的约2000个单字来看，已具备了"六书"的造字方法，因此甲骨文被称为现代汉字的"鼻祖"。这种具有较严密系统的文字，在今天是中华文化之瑰宝，而在当时

---

① 《左传·成公十三年》。

② 葛亮：《一百二十年来甲骨文材料的初步统计》，《汉字汉语研究》2019年第4期。

则是殷商垄断精神世界的文化资本,象征着殷商的"文化软实力"。

更重要的是,殷商还建构了一套看似自圆其说的意识形态,就是"天命观"。在这套观念中,天命固定地降临给殷商这个部落,永远不会改易。其他部落要想染指天命,门儿都没有——谁要是反对殷商,就是和"天"作对。

(二)殷周鼎革:殷商为什么败了?

在"三重防护"之下,殷商似乎可以高枕无忧,一直岁月静好。相比之下,地处西部边陲的周,大概只能算个"小跟班"而已。有考古学资料显示,周人铸造青铜的技术是跟殷人学的,周人占卜用的文字也是跟殷人学的。甚至,周人还要去祭祀殷人的祖神——后来孔子说过,"非其鬼而祭之"是一种谄媚。在强大的殷商面前,周人一度卑微到泥土里。

然而,就是这个"小跟班",自从古公亶父开始,默默蓄积力量,稳扎稳打,积攒口碑,不断"圈粉"。历经几代人的艰苦奋斗,终于"三分天下有其二"。到武王时代突然发力,"八百诸侯会于孟津",结成浩浩荡荡的反殷商"统一战线"。牧野一战中,纣王派来抵挡周人的奴隶阵前倒戈,进一步壮大了周人的"统一战线"。大家齐心协力,竟然朝夕之间攻灭殷商,周人由此成功地实现"逆袭"和"上位"!

当年,周文王曾讨伐商纣王的心腹黎国。殷商的贤臣祖伊曾跑去警告商纣王,小心弄丢了天命。商纣王信心满满地说了一句"我生不有命在天","怼"回祖伊。牧野之战后,周人的军队开进朝歌,商纣王一看大势已去，只好一把火烧掉殷商最漂亮、最豪华的宫殿——鹿台，商纣王葬身火海，而整个殷商王朝也由此葬送。

鹿台的那一把大火，大概给周武王心里造成巨大的冲击。原本霸气十足的殷商王朝，真就这么完了？青铜不顶事，甲骨不管用。之前殷人振振有词的天命，这会儿又在哪里呢？看来，殷商关于天命的说辞大有问题！周武王不得不思考一个根本问题：如果殷商的天命观念不靠谱，那么继起的周王朝又该如何维持天命于不坠？"殷鉴不远"。如何避免成为下一个殷商，如何避免商纣王的结局？

这些问题，大概是周武王在那失眠的夜里，辗转反侧所思考的问题吧！这也是此后周人集体的思考，或者说反思。反思，从殷商的天命观开始。

（三）殷人祭祀的排场

先看一段殷商甲骨文的记录。

> 乙未酉，系品上甲十，报乙三，报丙三，报丁三，示壬三，示癸三，大乙十，大丁十，大甲十，大庚十，小甲（合文）三，（大戊十，中丁十，戋甲三），祖乙（十，羌甲三）。①

这片甲骨中的"酉"就是"酒"。这里还有一些奇怪的字眼，上甲、报乙、报丙之类，都是殷商的先王（当时叫先公）的名字。其中的太乙（大乙），就是殷商王朝的创立者商汤。这片甲骨记录了殷商王族祭祀祖先的主要活动：请祖先喝酒，请祖先吃饭（上页

---

① 郭沫若、胡厚宣主编：《甲骨文合集》第 10 册，中华书局 1982 年版，32384。

品，祖先名后是贡品数量）。

据研究，这片甲骨产生于殷商王朝晚期，大约是武乙（？—前1113）或文丁（？—前1102）时期。暂且往前算作武乙时期吧！从武乙到太乙（商汤）要追溯二十七代，大概有四五百年；到上甲要追溯三十三代，大概有六七百年。殷人动辄祭祀五六百年前的祖先，一点儿障碍都没有。据说，祭祀的时候不光要呼唤祖先的姓名，而且还要由专门的人员向参与者诉说祖先的生平事迹。把二三十代祖先的姓名和档案资料，跨越几百年的岁月，一个个记下来，不紊乱，不丢失，谈何容易！须知殷人还曾屡次迁都，当时的书写技术还比较落后，文字被刻写在龟甲或兽骨上，书写和携带并不方便。而且，盘庚之前是否有甲骨文，还是一个未知数；早期这些资料到底是借由笔传，还是偶然性更大的口传，也未可知。

除了资料保存的难度，还有被祭祀祖先的规模以及祭祀方式，也足以令人惊讶。据研究，在殷商末期的帝乙、帝辛（即纣王）时期，在最核心的祭祀活动"五祀周祭"中，要祭祀从上甲到康丁一共三十一位先王和二十位先妣，而且不是一起祭祀，而是按时间先后逐个祭祀。该祭祀前后竟要持续整整一年的时间！汉语中一年又被称为"一祀"，据说就是由此而来。祭祀不光耗费了大量的时间，还消耗了大量的财政资源！

在古籍中，对于这种情况有一个概括，就是"殷人重鬼"。

殷人为什么花那么多时间和财富去祭祀祖先呢？"醉翁之意不在酒"，他们的目标是"上帝"。

（四）殷人怎样请上帝给自己站台？

上帝是殷商所信仰的至高神，全称叫做"昊天上帝"或"皇天上帝"。今天一些宗教把至高神叫"上帝"，据说是转译时借用了这一名称。

在殷商的信仰世界中，上帝作为至高神，能够决定农业生产的收成。农耕靠天吃饭，而天气能否风调雨顺，据说得上帝说了算。上帝还管着人间的吉凶祸福。对殷商而言，最重要的是上帝能决定一个王朝的"天命"。当时华夏大地上有许多部落，凭什么殷商这个部落能高人一等，占据统治地位？殷人给的理由很简单，就是上帝只给自己站台。

要想上帝持续地给自己站台，并不是一件容易的事。上帝并不是殷商的"义工"，殷人只有持续跟上帝搞好关系，才能一直获得天命之眷顾。令人沮丧的是，上帝高高在上，在神灵面前颇有"自知之明"的殷人，深感卑微的人类无法直接和上帝打交道。那怎么办？殷人想了一个办法：找中介。这位天人之间的大中介是谁呢？就是上文甲骨文中提到的先公们。

在殷人的精神世界中，那些先公去世之后并不会魂飞魄散，"人死曰鬼"，先公们的鬼魂，会升到帝廷里去。上帝虽然高高在上，但并非一位"孤寡老神"。和人间秩序类似，上帝也有自己的"帝廷"，也需要一堆臣工来辅佐他。殷商的先公们，活着时在人间做王者，去世之后其鬼魂会升到帝廷去做臣工，为上帝服务。先公们一方面和上帝走得很近，另一方面和子孙血脉相连。两边都熟悉，适合做中介！于是，殷商的王族，就通过祭祀的方式，不断与祖先搞好关系，请祖先把自己的诉求"呈告"给上帝：请上帝尽量多赐一些好风好雨，少降一些灾祸，让人间的生活不至于太艰难。最重要的是，祈请上帝永远把天命降临给殷商，不要改易天命。

根据这套天命观，殷人只需要与祖先搞好关系，进而与上帝达成沟通，而不是与现实世界中的其他部落搞好关系，就可以江山永固、国祚万年了。殷商把主要的精力用于搞好和鬼神世界的关系，而对于现实世界中的其他部落，很多时候就不那么客气了。如果有部落不服殷商的统治，那就直接诉诸武力镇压，代表上帝来消灭之。

（五）殷人为什么烧龟壳占卜？

殷人所尊奉的这位上帝，据说脾气不大好，喜怒无常。虽然有时候很仁慈，发起怒来也非常可怕。上帝还很"任性"，啥时候生气或高兴还不好揣度。有一个成语叫"神秘莫测"——毕竟上帝是"神"，如果神灵的想法和行为，能够被人类用理性轻易琢磨清楚，那还叫什么"神"呢！

若进一步深究，殷商所谓"上帝"云云，不外乎是自然规律的神格化。上帝之所以有神秘莫测、不可揣度的特征，本质上是因为殷商时代生产力水平毕竟有限，人们尚难以理性地认识自然规律。面对神秘莫测、瞬息万变的大自然，殷人一时间还没摸到个中门道。于是，殷人在信仰世界中建构出一位人格化的上帝。有了"上帝"这个确定的认识对象，殷人就获得了对自然规律的某种把握感。

尽管这种把握感还极不靠谱，但毕竟迈出了珍贵的第一步。剩下的事情，就是如何处理和上帝的关系。他们最终找到先公。不过，作为鬼魂的先公毕竟已不是理性的活人，性子变得喜怒无常。因此，殷人只好通过认真的祭祀，尽力讨好祖先。在那样一个遥远的年代里，殷人"努力通过祈祷、献祭等温和谄媚手段以求哄诱安抚顽固暴躁、变化莫测的神灵"①。

殷人匍匐在鬼神的脚下，希望由此趋吉避凶、永保天命，获得人间的福祉与权柄。匍匐虽然是一种卑微的姿势，在当时总比无所适从要强一些。

光靠匍匐也不甘心，殷人还试图进一步弄懂上帝和祖先的旨意，以便能够积极地作为。至少，就算要向祖先祭祀，总得问问他们什么饭菜合口，什么时间合适。但是，上帝和祖先不会主动开口说话，怎样弄懂他们的旨意呢？

殷人用的办法是"占卜"。

逻辑上不难理解：既然上帝和祖先如此神秘莫测、喜怒无常，难以用理性去揣度其旨意，那索性用一种非理性的方式，以偶然性去应接鬼神的任意性。而这种偶然性又必须具备一种神圣性，才配得上鬼神的地位。或许基于这两个理由，殷人最终找到了一个重要的载体，就是乌龟。一个重要的原因是乌龟长寿——古人还留着"龟千岁而灵"的说法，乌龟壳的形状据说也很有讲究。

颇通神圣性的乌龟壳，用火一烧，噼里啪啦的声音被认为是神

①　[英] 弗雷泽：《金枝》，徐育新、汪培基、张泽石译，中国民间文艺出版社1987年版，第84页。

灵旨意的传达。烧出的裂纹具有偶然性，上帝或祖先的旨意就有了具体化的呈现。接下来，如何解读这些裂纹，还有一套复杂的操作技术。当然，如果没有乌龟壳，兽骨也是一个退而求其次的选择，至少偶然性是能保证的。最后，对占卜结果的解读，还要用文字刻写在龟甲或兽骨上，这是甲骨文形成的根本动因。

殷商的甲骨文，是整个王室祭祀活动的重要组成部分，是与神圣世界相关联的，而不是出于世俗世界的记事需要。经过漫长的岁月，殷人把占卜的结果加以归纳整理，慢慢有了《易经》的雏形。

从上帝观念、祖先祭祀到占卜活动，殷人建构起一个相对自洽的、稳定的精神秩序。有了这种秩序，人心才能安定下来，人间的生活才能获得一种初步的节奏感。就当时的历史条件而言，这些观念的积极意义是不能轻易否定的。

至于这些观念是否靠谱，在很长时期内是一个第二位的问题。

二、周人天命观的突破

殷商的天命观念是否靠谱？这个之前不大成问题的问题，到殷周鼎革之后，成为一个重大而迫切的问题。

（一）"德"的凸显

对于殷人的天命观，周人有足够的理由去怀疑。就算商纣王恶行斑斑，似乎没听说过他不敬鬼神。据说，他在祭祀祖先和尊崇上帝方面也没敢马虎，才有足够的底气和豪气去宣告"我生不有命在天"！可是，当周人兵临城下时，殷人所笃信的天命，为什么没有发挥作用呢？当商纣王把火炬举向鹿台时，为什么上帝或先公没有出来帮忙呢？

原本几百年未改的天命，为何一夜之间说改就改了？

殷周之变打破了殷人秉持的天命不变的信条，于是周人提出"天命靡常"，承认天命不会长久而固定地降临在某个部落或族群身上。既然天命变动不居，那么其流转的依据又是什么呢？

　　　　皇天无亲，惟德是辅。①

这是周人反思历史后得出的答案。简简单单八个字，石破天惊。中国古代的天命观，在周人手上获得系统性的升级换代。

如果比较殷周二代的天命观，可以发现二者在"常"与"无常"方面，正好对调了。殷商天命观中的"常"，是说天命会长久而固定地眷顾某个部落或族群；但这种天命观本质上恰恰是"无常"的：上帝的旨意神秘莫测，不能用人的理性去把握。在周人的天命观中，天命是"无常"的，不会永远降临给某个部落或族群；但其中有一种深刻的"常"，就是上帝不再神秘莫测，他选择天命承载者有其固定的标准："德"。

终于，在历史的大开大阖之际，在鬼神的迷雾笼罩之中，一个清晰的"德"字终于被周人拎出来了！

有德者有天下，失德者失天下。周人有现成的反面教材——商

_____

① 《尚书·蔡仲之命》。

纣王。周人认为，殷商之所以丧失天命，不在于殷人是否虔诚地祭祀鬼神，而在于商纣王的失德——因宠幸妲己而是非不分，因酒池肉林而荒淫无道，因炮烙之刑而人神共愤，因修筑鹿台而劳民伤财，因不恤民力而民心尽失！商纣王不光剖比干之心，甚至还剖开孕妇的肚子，观察胎儿到底如何生长，只为满足自己偏邪的好奇心。好端端一个殷商，竟然这样被商纣王折腾倒台。同时，周人也有现成的正面教材，就是周人自己。从太王、王季，到周文王、周武王、周公，周人一直实施德政，留下"一饭三吐哺，一沐三握发"等典故，与商纣王的作风简直是天上地下。

周人宣称，正是靠"德"，周才获得天命的眷顾。

（二）事实与价值之间的建构

真实的商纣王，未必像上面说的那么坏。子贡（前520—前456）认为"纣之不善，不如是之甚也"，很有点为商纣王鸣不平的意思。据说，炮烙之刑、酒池肉林、贪恋女色之类的"段子"，最初的"版权"其实是夏桀的，却被原封不动地硬安到了商纣王头上。商纣王其实是个大有为之君，东征西讨开疆拓土，对历史贡献很大，就算有酗酒之类的小爱好也无伤大雅。

就事实层面而言，这类说法或许有一定的依据。不过，周人要建构的，是一种价值判断。相比于事实层面的"真与假"，他们更关注的是价值层面的"对与错"。不管事实层面有多少夸张和失真，这样一套价值判断，竟然被建构出来，而且深刻地影响着中国此后的历史观，以及对此前历史的叙述话语。在《尚书·召诰》中，周公怀着极为谨慎的心态，总结了夏商两代的兴亡历史，得出一个共同的结论是"惟不敬厥德，乃早坠厥命"——因为没有做到"敬德"，所以夏和商都提早丢掉了自己的天命。不管真实的历史如何复杂，在"皇天无亲，惟德是辅"这个价值判断的总体观照之下，历史获得了精神秩序，并作为教材警示后来者。

周人为什么要建构出这么一套天命观念，甚至可能罔顾事实，对历史进行剪裁？须知周人反抗殷商，在一定程度上类似郡县制时代的地方反叛中央，"合法性"本是不足的。如果不解决"合法性"的危机，周人统治就算一时靠武力维系下来，也不能真正长久。而通过"惟德是辅"，周人把"地方反抗中央"，悄然地替换成"有德取代无德"。如此，周人的改朝换代，就是要恢复天道之本然，就是在"替天行道"。严格地说，在中文语境下，与时兴的"合法性"一词相比，"合德性"更为精准。这个评价标准，是由周人开启的。如此一来，周人也给自己头顶高悬了一把"达摩克利斯之剑"。和殷商不同，周人的天命不再固定地降临于某一部落或族群，而是在不同的部落或族群间流转的。如果周人尤其是周王失德，天命的流转就是合理合法的。所以，周人转而强调王者要"修德"，而不是像殷商那样倚赖祭祀活动。

对"皇天无亲，惟德是辅"八个字，除了认识到"德"字被凸显的意义，还应该关注"皇天"二字被保留的价值。想象一下商纣王在鹿台放火时的绝望眼神，周人还可以有另外一种选择：既然殷商相信的皇天上帝最终没来拯救殷商，那说明什么？如果揭穿"皇帝的新衣"，那恰恰说明上帝不靠谱啊！可是，周人在精神世界中并没有简单地把皇天上帝打倒在地，而是予以尊重和保留。这当是周人的高明之处！如此一来，就算殷周之际的天命观念变化剧烈，最高的皇天上帝仍然岿然不动。殷周之间文明的连续性，就有了最根本的保障。

所谓"连续"，并不是一成不变，更不是推倒重来，而是既有"变"又有"常"，才叫做"生生不息"。中华文明的连续性，也是在这样的意义上说的。

（三）民本思想的滥觞

周人所强调的"德"，与今天所说的个人层面的思想道德修养还不是一回事。这里的"德"，主要是针对执政者，尤其是天子的。对于执政者而言，最重要的"德"是什么呢？周人进一步提出了两个字："保民"。就是说，执政者最大的"德"，就是让自己治下的老百姓能够安居乐业、家给人足，能够丰衣足食、岁月静好。"敬德保民"四个字，意味着"民本"传统的彰显——执政者最重要的工作，不是去逢迎神秘莫测的鬼神，而是扎扎实实地保障民众的生活。

在《尚书·泰誓》中，周人不厌其烦地讨论了"民本"的话题。他们认为，天地是万物的父母，而人是万物之灵。天地让聪明者做君主，是为了像父母那样承担对民众的责任——所谓"父母官"的说法，在此处已有影踪。"父母官"的本义，并不是说官员要骑在民众头上作威作福，而是要求官员用父母照顾子女的那份挚爱，去看护治下的民众。周人还强调，上天让一些人做君主或师者，目的是为了护佑天下的民众。如果君主虐待民众，就是违背上天的意志，必然引发"皇天震怒"，最终的结果是"天命诛之"！

《国语》和《孟子》还分别引过今天《泰誓》中已经失传的话，里面有"民之所欲，天必从之"，"天视自我民视，天听自我民听"的庄

严宣告！放眼整个世界文化史，这种"天民合一"的观念非常独特和另类。相对于天意、君意，民意被放置在一个非常突出的位置。殷商时代皇天上帝那神秘莫测的意志，逐渐被人间社会所投射的民众意志所塑造。皇天上帝不再喜怒无常，而变成民意的终极保证和最高代表。

操作层面的困难在于，民众那么多，如何知道民意？今天很多人相信"一人一票"。片面的一人一票是否真靠谱，现在西方人自己都在反思。在当时的交通和通讯条件下，在远超城邦规模的广袤疆域中，一人一票无异于天方夜谭。

周人有一套了解民情民意的办法。周王室设有专门的采诗官，到各诸侯国去采集民间老百姓当中流行的歌谣，回来献给周天子。其中有对当地好人好事的点赞，更有对苛政恶政的控诉。周天子听到这些歌谣，就能知道民意之褒贬，并有针对性地予以处理。后

人评价说周朝"王者不出牖户，尽知天下所苦"①，周天子不用亲自出门，就能知道天下疾苦。采集上来的诗，被称为"风"，里面反映的就是各诸侯国的民情民意。今天的作家们还时兴"采风"，最早的源头就在这里。值得注意的是，在反映各地民情民意的"风"、贵族宴享朝会所用的"雅"和宗庙祭祀歌颂祖先的"颂"三者当中，"风"就是民情民意竟然被排在第一位！足见当时民本观念之一斑。当时的"风"，绝非今天所见的区区 160 多篇。采风本来是周王室的治理手段，处于一个动态的过程中。因此，今天读《诗经》，不能仅从文学角度来理解。后来，采诗制度衰亡，在诗从治理手段变成经学或文学、文献的背景下，有鉴于其篇目过于繁杂，出于学习简便的目的，孔子才对已有诗篇加以删减，并在后世被固化下来。孟子说"王者之迹熄而《诗》亡，《诗》亡然后《春秋》作"②。采诗制度的衰亡和周王室的衰亡互为表里。《诗》亡意味着民意的衰亡，当执政集团失去民意的约束，孔子只好退而求其次，借由《春秋》彰显的历史审判来约束执政集团。

在周人这套民本观念中，民众与君主并不是平等的。并不一定是君主比民众重要，恰恰相反，民众在某种程度上比君主更具有根本性。君主的地位来自皇天上帝的授命，但皇天上帝不过是民众利益和意志的终极代言人罢了！和今天的商业代言不一样，这位"代言人"还免收代言费。当民众具有皇天上帝这个终极代言人，民意和民心就有了强大的道德基础和终极的神学保障！民众对君主并没

---

① 《春秋公羊传注疏·宣公十五年》。

② 《孟子·离娄下》。

有无条件服从的义务，更没有忍受君主压迫的义务。恰恰相反，以皇天上帝为靠山，他们有权要求君主实行德政。如果君主失德，统治暴虐，民众就视之如寇仇，皇天上帝也会相应地惩罚君主，甚至改变天命的承载者。与更看重形式和程序的西式票选民主相比，中华民本传统更关注实质性的结果，那就是民众的利益与民心的向背。

（四）神权政治的淡化

在殷商"尊神"的天命观的基础上，周人并没有猛打方向盘，并没有抛弃神灵，但是已经在慢慢转向。虽然周人的天命观在外形上仍然具有神学的特征，但内容上却转向以民为本，这使得周人逐渐远离神权政治，在制度上也更加理性化。殷商的君主自认为君权神授，行为缺乏规范。但周代开始形成一整套明确的君主行为的规范原则。尽管这些原则并非强制性的法律，但在当时的社会背景下，当这些规范原则固化为政治文化传统，就足以在道德上对君主形成强大而内在的约束力量。后世儒家继承和发扬了这种传统，更鲜明地主张"民惟邦本，本固邦宁"，强调"为政以德"，让民本主义的政治传统更加牢固，并成为主流。

> **知·识·链·接**
>
> 夫民，神之主也，是以圣王先成民而后致力于神。（《左传·桓公六年》）
>
> 国将兴听于民，将亡听于神。（《左传·庄公三十二年》）

另外，随着天命观的转变，皇天上帝的面貌也悄然发生变化。在周人那里，"帝廷"的观念逐渐虚化，非人格化的"天"的概念逐渐成型。考古学家发现，甲骨文中经常出现"帝"字，当时专指"皇天上帝"，而周人更多地谈论"天"。在周人那里，该祭祀还是祭祀，但不必像殷商那样战战兢兢地去谄媚鬼神、讨好上帝。继承传统的祭祀形式，主要是用来培养人们内在的敬意，达成人间世界的秩序。

对于殷商复杂繁琐的祖先祭祀，周人通过昭穆制度加以简化。周天子设立七座宗庙，左边的三座叫昭庙，用来供奉周文王、高祖、祖，右边的三座叫穆庙，用来供奉周武王、曾祖、父，再加中间一座太祖庙，供奉后稷。各代的周天子，需要共同祭祀周族的始祖后稷，开国的文王、武王；每一代的周天子，还需祭祀各自的父亲、祖父、高祖、曾祖四代祖先。更早的祖先，就不用专门立庙祭祀了。最多只需在祭祀后稷、周文王、周武王时，作为陪祭简单拜一拜，多献几分贡品。新天子即位，随着亲缘关系的变化，需要将高祖以上的祖庙毁掉，将其神主牌位藏于始祖之庙，不必专门祭祀了。如此，周天子终于从殷商繁重的祭祀负担中"解放"出来了！另外，殷商的祭祀重在敬祀鬼神，周人的祭祀却关注其道德教化和凝聚人心的功能，使人不过分迷信鬼神。

这些变化的发生，似乎是出于简化操作程序的现实考量；但深层的原因，则是在新的天命观念的影响下，祖先作为上帝和子孙之间中介功能的弱化。

三、宗法制与"换代"难题

通过"敬德保民"，周人解决了"改朝"的问题，让新朝的正当性有了更加合理的标准。接下来的问题是，"换代"的时候又该如何操作？政治权力具有重要性、稀缺性和不可替代性。对于一个政治共同体来说，"换代"是一件大事，搞不好就会刀兵相见，甚至影响共同体本身的稳定。在这方面，周人给后世确立了一系列制度典范。[①]

（一）古代为什么不"传贤"

周人最重要的制度安排叫做"嫡长子继承制"。

对于这个制度，可能很多人都觉得"封建"、"落后"：凭什么在君位的继承序列中，正妻所生的长子天然地具有优先继承权？要想嫡长子都才华超群，就生物学而言，概率并不大。更常见的情况是，嫡长子才能平庸，比他贤能的儿子有的是！——不对，真正的问题应该是：为什么不直接把君位交给天下最贤能的人呢？

"传贤"听上去很不错，中国历史上也曾经有过类似的实践，比如尧、舜、禹之间的禅让，但并没能持久。根据孟子的叙述，大禹也考虑过传贤，选过一个叫做益的人。当大禹去世后，益和大禹

---

① 此节关于宗法制及下节关于封建制的分析，在思路上多受《大国宪制》第一章"宗法封建变迁中的宪制问题"，第五章"疆域管控与行政区划"启发（苏力：《大国宪制》，北京大学出版社 2018 年版），特此致谢。除直接或大段引用，其余化用部分不再标明具体出处。

的儿子启分地而居，但当时的老百姓碰到事情并不去找益，而是找启解决。过了几年之后，启就正式继承了大禹的君位，开启夏朝，公天下就让位于家天下了。对此，孟子的解释是说，益跟大禹进行政治实习的时间不长，老百姓没有感受到他给大家伙带来多少好处，反倒对大禹的儿子启更有感情。孟子还说"天与贤则与贤，天与子则与子"[①]。总之，从公天下到家天下，背后是民众的选择、历史的必然。儒家本有"天下为公"的理念，为何思想凌厉且极力主张民贵君轻的孟子却对家天下如此包容？一个重要的现实原因，大概是孟子曾亲见轻率"传贤"的后果：当时燕王哙（？—前314）沽名钓誉，主动让位给国相子之（？—前314），引发严重动荡，差点导致燕国灭国。

在古代"传贤"为什么玩不转？

一个人是否贤能，是很难判定的事情。不光因为人的能力比较多元，而且人还会为了政治目的而伪装。取代西汉的王莽（前46—23），一度表现得极其谦卑有礼，当时被普遍认为是贤能之人，各界请他上位的呼声极高，几乎可被看做是一个独特的"民选皇帝"。但王莽上位之后，最终带来天下大乱，事与愿违。另外，真正贤能的人往往比较谦虚，反而是德行不够的人，骨子里认为"老子天下第一"。如果君位"尚贤"，势必引来这些人的争夺。

更深层的原因是，在古代的社会结构之下，一个政治人物背后，大多有一个庞大的部落或家族。此人能否上位，关系着该部落

[①] 《孟子·万章上》。

或家族的巨大利益。王国维敏锐地指出，古人并非不清楚，公天下比家天下在名义上更好，人才的能力比资格对实际治国更有用，但为什么古人最终放弃前者选择后者？因为人们担心的是有人借"尚贤"之名，行争斗之实，带来一系列负面的连锁反应，而不断遭殃、最终埋单的还是老百姓。

总体而言，君位在某个家族内部传承，更符合人们普遍的心理预期，社会付出的总体成本更小，公共收益更高。因此，古人很早就把君位继承人的选择范围，缩小到某个优势家族。其他家族要想借"尚贤"的名义来争夺君位，在道义上就占了劣势。

因此，在古代的社会条件下，把君位传承的范围缩小和固定到特定优势家族，可以避免千百个家族生起觊觎之心，避免社会出现大的动荡。

（二）兄终弟及：换代时怎么办？

接下来的问题在于，特定优势家族内部也有众多成员，他们之间如何确定继承序列？这个问题如果处理不好，同样会惹来大麻烦。相比于殷商，周在这方面进行了重大的制度变革。在君位继承的主导原则上，殷商奉行"兄终弟及"，哥哥死了弟弟即位；周奉行"父死子继"，父亲死了儿子接班，而且还制定了"嫡长子继承制"。相比之下，殷商以横向原则为主导，周则以纵向原则为主导。

不管兄终弟及还是父死子继，君位都是在特定优势家族内部传承，有多大的变化呢？

变化不小。

兄终弟及有个大麻烦：假设第一代的君主生了五个儿子，第二代的五个儿子各自再生五个儿子，三代下来就有二十五个堂兄弟。如果兄终弟及，那么第二代的最后一个君主应该是其中最小的兄弟。问题是，等他去世，第三代该传给谁呢？从个人情感角度，他最希望传给自己的儿子，但那些大侄子、二侄子、三侄子……前面一堆侄子怎么摆平？他们的父亲都当过君主，而且资格更老。或者，传给大侄子，让这二十五个侄子再轮一遍？一来第二代的老大，时代已经太久远了，朝堂的官员已经和第二代的老小家更亲近；二来人的自然寿命有限，这么慢悠悠传下去，君位对后面的侄子几乎只是画饼。于是，第二代最后一位君主面临两难：传给自己的儿子，一堆侄子不服；传给大侄子，一堆官员不近，一堆侄子干等。

这就是兄终弟及的"换代"难题。

王国维认为，殷商在商王中丁以后有"九世之乱"，乱源就出在"兄终弟及"。他分析说，即便在常态下，兄弟之间也难免有争位之事。从亲情而言，兄弟之情比不过父子之情；从地位而言，兄也不如父尊贵。所以，弟弟抢哥哥的君位，比儿子抢父亲的君位要少掉很多心理障碍。就算常态下能勉强传承，还面临这一代传完、下一代传给谁的问题。从理论上，肯定该立兄长的儿子，也就是第二代最后一位君主的侄子；但是，被立为君的往往是最后这位君主的儿子。理想和事实有分歧，传位标准不能形成共识，那些自认为有资格继承君位的子侄辈，本来是从小一起长大的堂兄弟，也会打得头破血流，政治共同体会赔上失去稳定的巨大代价。周人正是看到殷商在继承制度上的这个问题，才改"兄终弟及"为"父死子继"，并且用"嫡庶之法"来约束"传子之法"。为什么？因为就算父死子继，老君主同样会有一堆儿子。如果没有一个优先顺序的安排，亲兄弟之间争起君位来，也不比堂兄弟之间客气多少！

（三）父死子继：嫡长子凭什么优先？

可是，为什么非得是嫡长子优先？为什么不在已经很有限的儿子当中，直接选个君主看得顺眼的、相对贤能点的呢？

原因和上面说的"传贤"问题差不多。谁贤谁不贤，到底缺乏一个客观的标准，而且容易作伪。王国维认为，在父死子继的制度中，如果老君主任意选择一个自己喜欢的儿子立为继承人，这个继承人也按照自己的喜好选择继承人，由此带来的争斗，甚至比殷商的兄终弟及更厉害，因为兄终弟及至少还有一个客观的长幼先后的顺序，但任由君主选择的话，连这个客观的标准都没有了。

嫡长子继承制，就是要提供一个比兄终弟及更客观、简洁且有效的标准。为什么？谁是嫡长子，并不由君主说了算，也不由君主夫人说了算，嫡长子自己更无法决定自己的出身。谁是嫡长子这个问题，在根本上只有大家头顶的老天爷说了才算！这种生物学的标准，完全排除了人为的因素，这就叫"天意"。人再大，也大不过天！天意如此，其他那些觊觎君位的兄弟伙，且死了争位之心吧！

嫡长子继承制，对老君主本身也具有强大的约束力。不管是基于纯粹的制度坚守，还是基于制度所引发的现实选择，嫡长子继承制甚至成为君主、皇帝都不能轻易去碰、去改动的一个制度。在这个意义上，嫡长子继承制就不是简单的人治，而是像法律一般的制度。在该制度约束下，连君主或皇帝都不能由着性子、按照喜好来选择自己的继承人。

对于嫡长子继承制的意义，王国维认为最大的意义在于"息争"，就是平息争斗，维持稳定。"任天者定，任人者争"，听任天意能带来安定，听任人为则带来争斗，所以"定之以天，争乃不生"。周人"衡利而取重，絜害而取轻"，经过利弊权衡最终确定"立子立嫡之法"，是周人在制度建设上的一大进步。这个制度在后世的政治实践中逐渐稳定下来，其精髓是"任天而不参以人"，诉诸客观标准而非主观任意，最终的目的在于"求定而息争"。[1]

(四) 宗法制：如何确定继承者的序列？

单靠嫡长子继承制，还远远不够。如果君主千辛万苦娶个嫡夫人，却一直不生育，怎么办？嫡长子还没等到即位就夭折了，怎么办？只能在剩下的儿子中来确定。如何确定？规矩不定好，仍会惹来争斗，招致刀兵。

在这个问题上，周人做到了"防患于未然"——不是等儿子们出生以后，而是在娶亲的阶段，就"先下手为强"，制定解决方案，这就是媵妾制度。不妨以《公羊传》中以"诸侯一聘九女"[2] 为例加以说明。

---

① 此段引文，出自王国维：《观堂集林》（上册），中华书局 1959 年版，第 456—458页。

② 《春秋公羊传·庄公十九年》。

　　按周代礼制，诸侯需要一次娶够九名女子，不能多也不能少——多了是僭越礼制，少了则没有完成礼制规定的任务。这九名女子分别来自三个异姓诸侯国，每个诸侯国分别出三名女子，"组团"嫁给这位诸侯。这三个团，总体上区分为主嫁和陪嫁，两个陪嫁团还得分出"主陪"和"副陪"。每个团内部的三名女子，相对地也分主嫁、主陪和副陪。每个团的主陪，是主嫁的哥哥的女儿，副陪则是主嫁的妹妹。总体上讲，每个团内部的"主嫁"，分别为三个团中的主嫁、陪嫁和副陪，排在她们后面的，是主嫁团内部的主陪和副陪，再后面是主陪团内部的主陪和副陪，最后是副陪团里面的主陪和副陪。如此一来，九名女子的地位尊卑就非常清楚了。

　　在今人看来，周人也太无聊了！诸侯娶九名女子已经够奇葩了，还如此费事地把夫人们分成三六九等，实行"梯队化"管理。简直是岂有此理、不可理喻！

　　还是那句老话，醉翁之意不在酒。

　　之所以对娶来的女子们实行梯队化管理，主要并非针对这些女子，而是针对她们将来所生的儿子，那些潜在的君位继承人。

　　周代君位继承的总体原则，据说是"立嫡以长不以贤，立子以贵不以长"。① 优先享有继承权的是嫡夫人的儿子们。在他们当中，继承君位的优先顺序，遵循长幼原则，而不是贤能与否。如果嫡长子夭折，嫡夫人的其余诸子按年龄排队。这叫"立嫡以长不以贤"。如果嫡夫人的儿子都死了，怎么办？在其他夫人所生的儿子中，选

① 《春秋公羊传·隐公元年》。

择年龄最大的吗？非也。此时的主要依据，是夫人的地位。地位高的夫人的儿子们，按年龄排完队，才轮到地位紧跟其后的夫人的儿子们，继续按年龄排队，以此类推。占首要地位的是母亲的地位，同一个母亲内部则看儿子的年龄。就算甲比乙大二三十岁，但乙母亲的地位比甲母亲高，甲还是得排在后面。这就叫"立子以贵不以长"，这里的"子"是除了嫡夫人外其他夫人的儿子。总结起来，就是人们熟悉的那句话——"子以母贵，母以子贵"。①

有人还会觉得当时的诸侯真奢侈，一次必须娶九名女子。须知当时新生儿存活率低，只有靠夫人的数量来对冲之，才能保证足够的君位继承人选。况且，"诸侯一聘九女"后面还紧跟着一句话："诸侯不再娶"。一次娶个够，娶完不准再娶，再娶就是违背礼制。为什么？因为如果再娶，新妇一来，面对既有的尊卑格局，如何确定其地位尊卑？碰上娘家是强国，非要逼君主废掉之前的嫡妻，改立新妇为正妻，君主答不答应？要是答应了，新嫡夫人所生的长子成为嫡长子，原嫡夫人的娘家人如何咽下这口恶气？原嫡长子又该如何自处？原嫡长子以下的诸子，又如何看得惯这位后来居上者？麻烦太多了！礼制严格规定"诸侯不再娶"，就是要把这些漏洞堵死。到礼制松弛的春秋时代，晋献公（？—前651年）偏偏不信这个邪，再娶了骊姬（？—约前651？）并立为嫡夫人，并立骊姬所生的儿子为世子，逼得原嫡长子申生（？—前656）自杀，重耳（前697？—前628）等其余诸子逃亡，引得晋国此后国君接连被弑，

---

① 《春秋公羊传·隐公元年》。

国家动荡不安。

上面说的是古人记载比较详细的诸侯继承秩序问题。对于天子而言，逻辑也差不多，只是需要娶十二名女子，也不能再娶。

这套复杂的梯队化管理方法，就是"宗法制"的核心内容。所谓"宗法"，就是根据母亲的地位高低，区分儿子之间的尊卑长幼，有嫡夫人一支的"大宗"，还有其他夫人的"小宗"，小宗之间同样有尊卑之别。几代人过去，家族人丁越来越多，血缘关系也越来越稀薄，于是各小宗再"别子为宗"，在各自内部继续分大宗、小宗。最终，形成一个"树状"的结构。这棵宗法之树可能枝繁叶茂，层级复杂，但一层层上溯，都能找到较早的"根"——虽然不可能找到最初的根，谁还能一路追溯到类人猿那个时候呢！对于毕竟有限的现世生活而言，那个较早的根，对于团结宗族内部的子孙，已经足够了。

宗法制的逻辑起点，是嫡长子继承制。正是基于嫡长子继承制，才有区分嫡庶的必要；为了应对嫡长子缺位的问题，才有对其余诸子区分出尊卑长幼的必要；进而，才有区分大宗、小宗的必要。等世代增多，再"别子为宗"，宗法之树就越来越繁复。王国维认为，有周一代的礼制，包括宗法制，大抵都是从嫡长子继承制生长而来的。相比之下，殷商实行兄终弟及，兄弟之间按长幼轮流坐庄，就没有必要严格区分尊卑，也就没有成熟的宗法制。

这样一种组织制度，也不局限于天子、诸侯。在社会的各个等级，人们都按照宗法制的原则，来组织自己的家族，虽然不可能有类似"一聘九女"的操作，但都强调尊卑长幼，都贯彻着宗法制的核心原则。由此，社会秩序得以建立在人伦秩序的基础之上。

（五）"长效维稳"的机制

宗法制的根本意义，究竟该如何理解？

与西方发达的海洋文明相比，古代中国以农耕文明为主导。"锄禾日当午，汗滴禾下土"，农民面朝黄土背朝天，耕作劳动很辛苦。"三十亩地一头牛"，要经营好一块土地，并不容易。辛苦归辛苦，内心还是能够踏踏实实，因为他有"老婆孩子热炕头"。结束一天的劳作，家里有老婆孩子等着他，有热炕头可以靠靠。不过，这种生活需要一定的外部条件来支撑。

农业和畜牧业不一样。牧民可以逐水草而居，哪个地方水草丰美，赶着牛羊、拉着帐篷就游牧过去了。但农业需要定居，因为农作物的生产周期比较长，需要农民在一块固定的土地上，遵循农作物春生夏长秋收冬藏的规律，经过四时的循环，长期劳作之后才有粮食过冬，才能供养妻儿父母。如果他所在的政治共同体，因为君位的争夺而发生动荡，那就意味着刀兵四起，兵祸不断。春天好不容易播种下去，夏天禾苗刚长出来，可能就被乱兵踩踏得一塌糊涂。好不容易熬到秋天，说不定又有一拨乱兵过来，把辛苦收成的粮食抢走。如此一来，妻儿老小靠什么过冬？

一句话，对农民而言，如果没有一个稳定的政治环境，三十亩地上的禾苗可能会有乱兵过来践踏，一头牛可能被乱兵牵走，老婆孩子可能因为粮食被人抢走而活不下去。最终，热炕头不过是一个梦幻泡影。

嫡长子继承制也好，宗法制也好，包括下文讲的封建制、礼乐制度也罢，其底层逻辑是两个字——"维稳"。

周代建构了一个"长效维稳"的机制——整个周代前后持续了八百年，是中国历史上时间最长的朝代。有人说这样统计有水分，毕竟春秋战国乱成一锅粥。不如作最保守的估计：从前1046年武王伐纣到前770年平王东迁，这中间足足有276年。就算掐头去尾，二百三四十年的稳定，周朝还是能够提供的。

"稳定"在政治学上属于一种公共物品。美国从建国到现在也就240多年，这当中还经历了南北战争和一系列大大小小的战争。汉朝总共持续四百年，中间还有王莽之乱将其一刀两断。唐朝持续不到三百年，中间还有安史之乱、藩镇割据。而周朝即使在最保守的意义上，也提供了长达两百多年的"稳定"这种公共物品，岂是一件容易的事！

在论及嫡长子继承制、宗法制的制度功能时，王国维一再强调"息争"、"防爱争"——太多的"争"，是"娇贵"的农耕文明承受不起的。周人不遗余力地强调"子以母贵，母以子贵"，重点并不是字面意思所显示的个人的荣华富贵，而是涉及共同体稳定的大问题。

（六）"极精炼的愚蠢"

对农耕文明而言，政治的首要的任务是维持稳定，最好能不争不抢。就算即位的是个小孩子，问题也不大，只要他能够作为正统性的象征，把局面稳下来，让那些野心家由此死心，就足够了。对农耕文明的执政集团而言，能够提供稳定这种公共物品，恰恰是最大的"德"！所谓"敬德保民"，以一种曲径通幽的方式，通过宗法制以及后面讲的封建制等制度，在现实中得到了一定的落实！

有人会说，政治事务非常繁杂。象征归象征，具体的事务总得有人来干。没错，农耕文明还有一个配套的制度——官僚制。用一批组织起来的精英，辅佐君主来治理国家。王国维指出，当时君主的位置如果不用父死子继、嫡长子继承制，"则无以弭天下之争"，不能平息天下的争斗；而官僚的职位如果不选贤任能，则"无以治天下之事"，不能处理具体的政治事务。① 所以，前者的位置需要世袭，而后者的职位不可世袭。宗法制贯彻"亲亲、尊尊"的原则，而官僚制的原则是"贤贤"。不过，周代早先的官僚制还不如后世纯粹，还主要是在贵族中选拔。他们除了官僚的身份，还有贵族的身份。不光在君主那里有职位，还有一块封地作为自留地。更加纯粹的官僚制，则需要等到战国时代才开始出现。

宗法制的逻辑环环相扣，对维系当时的社会发挥了积极的作用，绝不是几顶"封建"、"落后"之类的大帽子就能够扣死的。对于今人面对古人时惯常的傲慢与偏见，苏力曾发出过一个提醒：

> 即便在一些人特别是某些今人看来的野蛮或愚蠢，也不是全然没有理由和根据的，或是不正当的。一个群体的长期"愚蠢"，从功能主义视角看，很可能就是他们在生存的具体情境中被逼出来的唯一选项，因别无选择，所以是智慧。

---

① 参见王国维：《观堂集林》（上册），中华书局 1959 年版，第 472 页。

我有理由相信，个人可能愚蠢，人类不可能愚蠢，更不可能长期愚蠢。人类历史上的任何制度，只要是长期的实践，就几乎不大可能只是罪恶或愚昧，而更可能是，相对于当时的社会条件，已足够明智或合理。

在苏力看来，我们的先人，在这块后来被称为中国的特定土地上，为了活下去，为了活得稍微好一些，以自己的智慧，一代代合作、演进和积累，才造就了如此的中国。①

理解后文谈到的诸多问题，也当有这样的豁达心胸。

四、封建制与大型国家

嫡长子继承制和宗法制，为解决君位传承过程中的争端提供了不错的方案。不过，要形成对该方案的共识，还必须获得除嫡长子外的其余诸子的认同。这是封建制出台的一个重要背景。

（一）分封建国

对于君主的其余诸子而言，如果实行殷商的"兄终弟及"，兄弟们都还有机会继承君位——只要活得足够久，把前面的兄弟都"熬死了"，自己总能轮到。可是，嫡长子继承制"一刀切"后，只要前面的兄弟继承了王位，此后王位就在其子孙内部纵向传承，和处于横向关系上的兄弟们从此基本"绝缘"了。

---

① 苏力：《大国宪制》，北京大学出版社 2018 年版，第 3 页。

从现实上考量，对于那些觊觎大位、野心不死、蠢蠢欲动的王子们，对于那些在政治上突然彻底无望的"皇叔"、"王爷"，不能总靠"天意"去忽悠之，还得给他们现实的政治安排，才不至于让他们滋生事端，才能让嫡长子继承制、宗法制的游戏顺顺当当地进行下去。政治稳定的目标，也才能最终达成。

这种现实的政治安排，在周代就是封建制。这个逻辑不复杂。既然继承君位没有指望，在都城里待着容易生事，不如给他们分一块地方，让他们到那里去做诸侯，有一方自己的小天地，关起门来自己做主；他还可以继续分封自己的子孙，自己开枝散叶，岂不也算退而求其次的美事一桩？封建制对兄弟们都有利，让哪怕原本觉得吃亏的一方突然有了奔头，嫡长子继承制和宗法制要推行起来就容易得多。于是，周王室大规模地分封子孙，到各个地方做诸侯。鲁国、晋国、虢国之类姬姓的诸侯国，纷纷建立起来。去封地之前还约定好：大家都是同姓，还在一条大船上，如果天子有难事，诸侯可不能袖手旁观。当然，如果诸侯那边有难事，天子更不会坐视不管。

需要说明的是，此处的"封建"和所谓"封建社会"的"封建"不同。周代的"封建"，主要是"分封建国"的意思，分一块地给诸侯，建立诸侯国。而"封建社会"一词有其特定的语义背景，指的是以地主阶级剥削农民为经济基础的社会形态，涵盖从战国时代中期（前475）开始、到清朝后期（1840）结束的历史时期。

（二）厚待盟友和"前朝"后裔

周代意义上的"封建"，还有其他逻辑。

当初，八百诸侯会于孟津，成为周武王反殷商"统一战线"中的盟友。很多部落真可谓"拖家带口"跟周人"干革命"。等周人取得天下，对于异姓的合作伙伴，也必须给予一定的政治安排。这种安排只是"封"——给予一个封号，但不涉及到"分"和"建"——人家本来就有自己的地盘。即便那些没有跟周人"干革命"的部落，只要人家没有明确反对，周人也要尽量团结，给个"封号"，才能把执政时期的"统一战线"进一步扩大。不要小瞧"封号"，好像不用花钱，不用分地，只给个"荣誉称号"。事实上，有了"封号"，周人和这些部落各自都可以心安理得，建立起基本的信任关系，觉得彼此是"自己人"。否则，彼此猜忌，心生疑窦，弄不好也容易惹来刀兵之祸，危及政治共同体的稳定。此外，在讨伐商纣王的过程中，有些功臣表现极为突出，也不能亏待人家，需要分封一块地方让他们自己建国（比如姜子牙被分封到齐国）。

对于殷商的后裔，周人仍然给他们封号，叫做"宋"；给予其国君最高的"公"的爵位，政治待遇比别的诸侯国还要高半截：不用奉行周的正朔，继续沿袭殷商的历法、服饰以及风俗习惯等。宋公见了周天子，也不用从属性的"臣"的身份，而是享有对等性的"客"的待遇。周人还费心费力地去寻找夏的后裔，把他们封为杞国，享有和宋国类似的政治待遇。"杞人忧天"、"拔苗助长"之类的怪事，分别发生在杞国和宋国，大概也显示出这两个根柢太老的国家，其国人在保守之余的那种可爱的迂腐。周人还有郑重其事的"通三统"的制度安排，就是以周人之统为大统，以前二代的夏、商之统为小统，并以杞国和宋国为小统的载体，碰到麻烦事儿还得征询他们的意见和看法。所谓"大一统"，最初的意思是说，相比前两代的"小统"，要以当今之统为"大统"。周人这种不把前代赶尽杀绝而是对其优礼有加的做法，极具包容性，在后世也有或明或暗的继承。中华文明之所以能够保持其连续性，离不开这种文化基因。

（三）大型国家的初步建构

和宗法制一样，分封制也遵循从上到下贯穿到底的逻辑。当时，渭水下游和黄河中游由周天子直接统治，并传给嫡长子。这块地方被称为"王畿"，相当于中央特别行政区。王畿以外的地方，差不多都分封出去了。分封出去之后，各诸侯国的君主也得往下分封——不如此，该诸侯国的嫡长子继承制，同样玩不转，其政治稳定同样成问题。诸侯把国内的中心地区留给自己直接统治，死后传给嫡长子；其他地方则分封给嫡长子以外的儿子作为"采邑"，这些儿子被称作卿大夫。到卿大夫这一级，依然需要如法炮制，把自留地之外的其他地方分封给士作为"禄田"。由此，西周的疆域由众多诸侯国构成，每一诸侯国由众多卿大夫的采邑构成，采邑则由众多士禄田构成。

这样一来，从上到下，每个层级都获得自己安身立命的田地，有了干事创业的积极性，并且通过分封构建出嵌套般的从属关系，上下层级之间相互承担一定的义务，而整个社会由此获得一种适合当时生产力水平的组织形态。

尽管封建制在后世的运行过程中逐渐出现一些难以克服的问题，但不能否认其在历史上的重要意义。

从时间角度看，就算周朝在东周以来逐渐衰微，其国祚毕竟绵延 800 多年之久，雄踞中国各朝代的首位。对此，封建制功不可没。

从空间角度看，正是通过封建制，周朝实现了大型国家的初步建构。

尽管极具历史意识的中国人，以发达的史学传统建构了从三皇五帝到夏商周的历史传统，仿佛是在一个固定空间中进行线性传承。但事实上，所谓"中国"是在历史中不断"生长"的。传说中的三皇五帝，其统合的区域应该不太大。夏商虽然被后世认为是两个朝代，但在当时他们大概只是部落联盟的盟主而已，和其他部落的关系也比较松散。相比之下，通过封建制以及宗法制，周人建构了一个在政治上具有多个层级的大国。尽管当时还不像后世那样有比较明确的行政区划，但相比前代，已然是一个了不起的进步了。基于这种"制度优势"，西周大概覆盖了 100 万平方公里以上的地区，其疆土范围西到渭水流域，东抵大海，北至今天北京以北的燕山山脉，南接长江流域。据推算，西周人口最初大约有 1000 万，到春秋战国之际人口达 2000 万左右，在当时的世界上遥遥领先。

正是在周代的制度框架之下，中国不仅实现疆域的扩大和人口的增加，还实现了国土的深度开发。

当时，政治中心在西部的渭水流域，这一带素有"天府之国"的美誉，土地肥沃，物产富饶，本是周人的龙兴之地，无奈地域狭小，可供开发的空间有限。周人的分封，主要是从渭水流域出发，往东向黄土高原、华北平原开拓。姜子牙（约前1156—约前1017）被封到齐国，周公被封到鲁国，从渭水平原一路封到海边的山东半岛。召公被封到燕国，到达华北平原的北端。当时的封君，一开始未必有后世封疆大吏的风光。他们主要率领周人的军队，甚至投降的殷商军队，外加一些专业工匠和技术人员，到当时还未充分开发的地区，去开荒种地、建立城池。那些地方原本有些土著居民，被称作"野人"，住在城外。而西部过来的这些有政治、军事和技术优势的拓荒者，则自称"国人"，住在城内。这些先民们在东部的广阔天地里"白手起家"，差不多是"筚路蓝缕，以启山林"的状态——他们用比较先进的农业生产工具和技术，一点点开垦土地，慢慢积蓄力量。一开始，一般的封国也就方圆三五十里，能达到百里的都算是大国了。而国与国之间，还存在大量有待开垦的荒地，没有明确的国境线。国与国之间一开始各干各的，因为不存在边界一说，相互之间本来就挨不着。所以，一开始分封也还能层层持续下去，毕竟无主的土地还有较大的存量。经过两百多年的生息繁衍、努力经营，到春秋时代，社会生产力就发展到比较高的水平，人口进一步增加，国与国之间也逐渐有了彼此的疆界。在这个基础上，才有所谓"春秋五霸"的出现。[①] 正是通过封建制以及宗法制，

① 参见田余庆：《中国古代史上的国家统一问题》，载国家图书馆编：《大国价值》，国家图书馆出版社2017年版，第187—214页。此处主要参见该书第192—193页。

黄河流域的农耕区域——广袤的黄土高原和华北平原，才逐渐从部落联盟状态，被整合为一个像模像样的大型国家。不管封建制在后世遭到多少诟病，它为"大一统"所赚下的"第一桶金"是不能被轻易抹杀的。

五、天下体系与礼乐文明

相比殷商时代部落联盟的政治格局，周人建构的天下体系具有更宏阔的视野和普遍主义的抱负。

（一）天下体系的精神前提

天下体系的建构，与周初面临的政治形势有关。尽管周人在取得天下前已经经过几代人的辛苦经营，但和殷商相比，周的实力并不强大。周人实际上是靠广泛的"统一战线"，才取得天下的。当时天下有众多部落，周整体上面临一个"以小治大"或者说"以寡治众"的严峻形势。如何确保新朝江山稳固？这是周人集团当时必须解决的问题。

在具体措施上，周人通过分封同姓诸侯，巩固和扩大自己的"基本盘"，同时通过分封异姓诸侯来减少自己的"对立面"。但是，异姓诸侯凭什么非得接受实力并不强大的周人的分封？凭什么让他们被封得心服口服？单凭武力威慑是不够的，何况周的武力远不如殷商强大。因此，除了"硬实力"，周人还必须解决"软实力"的问题，进行观念和制度方面的改变与创造。

殷人认为，殷商整个部落是天命的承载者，因此殷商部落比其他部落享有优先地位。但是周人却把承载天命的主体，收敛到周王一人。于是，周人面对其他部落反而没有高人一等的感觉。《诗经》说的"普天之下，莫非王土，率土之滨，莫非王臣"[①]，今天很多人认为是霸气十足的专制，是"以天下奉一人"。实际上，这句话反倒意味着，把全天下所有人都当做人来看，因为大家同样都是周王的子民！周人在取代殷商后，对部落之私心私利进行了主动的限制，看似会丧失一些现实的小群体利益，却获得更大的整体政治收益。

基于天命看护对象的普遍化，天下体系的展开，就获得了精神前提。天下各个部落的和谐相处，获得了一种观念层面的操作系统。当口服心不服变成心悦诚服，周人的治理成本也可以大大降低，主要不必依赖暴力威慑、武力镇压这些"硬实力"，而是靠文化和制度的"软实力"，让大家加入一个共同的政治体系。异姓部落接受周的"封"，就是加入这个体系的政治入场券。

(二) 为什么禁止同姓结婚？

在观念转变的基础上，周人才开发出一系列的制度。对于同姓诸侯，主要靠前面所说的宗法制、封建制，以血缘为纽带，把大家编织进一张人伦之网中。如此一来，同姓诸侯之间，相互就成为"兄弟之国"。兄弟之间，怎么好意思打来打去？真打起来，回来如

---

① 《诗经·小雅·北山》。

何向共同的父亲交代呢？

对于异姓诸侯，没有血缘关系，怎么办？那就结为姻亲。在今人眼里，婚姻是爱情的结果；但在周人眼里，婚姻最大的意义是"合二姓之好"。两个异姓的部落，本来八竿子打不着，但是没关系，让孩子们结婚，大家就成为儿女亲家了。现在人们描述结婚还有个古雅的词语，叫做结为"秦晋之好"。秦国和晋国，曾经靠结为姻亲而相互交好。周人还特意实行"同姓不婚制"。比如，鲁国君主要娶夫人，绝对不可以去晋国、虢国之类的诸侯国去求亲，因为大家都姓"姬"。但他可以去旁边的齐国，因为齐国姓"姜"。为什么强调"同姓不婚"呢？中国人似乎很早就知道近亲结婚的危害，《左传》中就有"男女同姓，其生不蕃"①的说法。但是，对于"同姓不婚"，政治上的考量是更值得重视的。通过结为姻亲，异姓部落之间就结为"甥舅之国"，大家成为外甥和舅舅的关系。一旦外甥做了君主，就算舅舅惹了外甥，外甥如何好去打舅舅呢？

通过血缘和姻亲的纽带，周人几乎逐渐把已知天下范围内的部落，都编进一张人伦网络中。大家要么是兄弟之国，要么是甥舅之国，反正拐不了几个弯，都是一家子，还不用等到五百年前！所以，当时说"天下一家"，还真不仅是一句应然层面的豪言壮语，而是实然层面的事实陈述！既然"天下一家"，大家都是亲戚，相互之间就不能太讲利益，至少不能明着讲——谈钱伤感情；也不能动不动就诉诸武力——打架更伤感情。没错，"天下一家"首先强

---

① 《左传·僖公二十三年》。

调的，只能是"感情"，是亲戚之间的和睦相处，是父慈子孝、兄友弟恭之类的人伦亲情。

　　站在今天的角度，也许有人会说这套体系有点低级，但就当时的技术条件而言，这套体系相比于殷商靠武力威慑的做法，已经是一个"升级版"。大千世界，芸芸众生，人和人的联系是多么地偶然！当时，交通和通讯技术极其不发达。比如，诸侯去世，为什么通常得停丧好几个月甚至半年？一个重要的现实因素是，总得给派人去向亲戚们通风报信，亲戚们准备好后再赶过来参加葬礼预留出足够的时间。这一来一去的，大半年就过去了。在这种条件下，人们稳固地进行交流互动的渠道很有限。但是，血缘却是一个先天赋予的纽带，不想认也得认，子子孙孙也否定不了。因此，周人用血缘及姻亲做纽带，表面看有些落后，却是当时能够动用的、最经济地凝聚大规模共同体的有效方式。

　　（三）周公：礼乐"设计师"

　　对于大规模共同体而言，血缘亲情固然能发挥纽带作用，但有一个变量会将其逐渐消解，那就是"时间"。几代人之后，堂兄弟之间，堂堂兄弟之间，舅姥爷和外孙之间，亲情就非常稀薄了。毕竟每个家族一般都会生息繁衍，越到后面人丁越多，大家缺乏共同生活、密切接触的经历，仅靠越来越稀薄而抽象的血缘，又能真正激发起多少内心的情感呢？硬要一个人对只见过两三次的表舅姥爷打心眼特别亲近，在情感上确实太勉强。

　　对于周代的天下体系而言，这是一个天生的短板。要想亲情永续，且不贬值，确实是痴心妄想。这个短板不可能完全克服，但可以想法修补，尽量延缓这个过程，至少让亲情延续得更久一些。

这个延缓的办法，就是"周礼"。因此，周公"制礼作乐"成为中国历史上极其重要的一件大事。

周武王在伐纣后的第二年就去世了，世子当时只有七岁。在王国维看来，按照殷商"兄终弟及"的规矩，周公是可以继承周王之位的，因为他是周文王的儿子、周武王的弟弟。在讨伐殷商的战争中，周公功劳极高。况且，当时天下未定，复杂的政治局面远非一个未成年的小孩子所能应付。不管论德行还是论出身，还是从当时天下未定的严峻现实考虑，周公继承武王做天子，都是一个不错的选项。但是，周公吸取殷商内乱的教训，看到"兄终弟及"在政治上的严重后果，坚持拥立世子即位，是为周成王（？—前1021）。鉴于当时的政治危局，他承担起摄政的重任，以自己丰富的政治经验为新生的周王朝保驾护航。七年之后，天下初定，周成王成年，周公就把权柄还给成王。可以说，周公用自己的亲身示范维护了嫡长子继承制，诠释了责任与担当的精神，促成了中国政治史上一次意义深远的转型。周朝的王祚能绵延八百年之久，周公功不可没。

在周公摄政的七年间，前几年的主要工作是平定叛乱、营建都城和城池等。在还政给成王的前一年，周公做了一件试图让周王朝长治久安的事情，那就是"制礼作乐"。

对于周公制礼作乐，大多数人更关注其所制定的具体仪节，通常被那些复杂的仪节给吓住了。其实，仪节背后精神层面的意义，更值得关注。孔子说"礼之用，和为贵"。这里的"礼"是广义上的，涵盖了"乐"。也就是说，礼乐的功能在于促进共同体的和谐，让大家像一家人一样过日子。如果单纯靠血缘、姻亲之亲情不足以穿越岁月的剪刀，那么就通过礼乐制度，半强制地让大家尽可能地互动起来，尽可能参加共同的礼乐实践，由此来激发亲情，维持共同体的情义。

(四) 礼乐：生活的节奏与共同体的秩序

翻开《仪礼》十七篇，那些具体的礼仪看上去纷繁复杂，总体可以分为四大类：冠昏、丧祭、乡射、朝聘。冠礼和昏礼分别象征一个人成年、成家，丧礼和祭礼关系到如何对待死亡、怀念逝者。乡饮酒礼、乡射礼等涵盖一个人如何处理与周遭的生活共同体的关系，而朝聘之礼则涉及更大规模共同体的公共政治生活。周代的礼乐，不仅贯穿着一个人从生到死的过程——这个过程需要整个家族的参与和见证，而且还覆盖了从个人生活到社区生活、再到政治生活的方方面面。正是在礼乐制度的作用下，个人的生命获得稳定的期待，社区和更大规模的共同体也被有效地凝聚起来。不同层面的共同体生活，都基于礼乐赋予的节奏感，而获得内在的秩序。

荀子(前313—前238)认为"乐和同，礼别异"[1]，二者具有重要的社会功能。此处"礼"是从狭义上说的，因此与"乐"对举。礼主要用来区分共同体各个成员的身份，而乐则用于激发出"一家人"的情感。这个说法不难理解。比如，一个大家族可能有很多成

---

[1] 《荀子·乐论》。

员，平时不可能都密切往来，为了让家族成员体会到同族的情感，有必要在一些特殊的日子祭祀祖先。一大家族的成员聚集在一起，向共同的祖先行礼。行礼的时候，不能乱哄哄一团，总得有个秩序。既然是在家族里，很自然地就得讲究尊卑长幼，区分各自的身份。即便到现在，一大家子吃饭，中国人仍然讲究各个辈分的人坐不同的位置。这就是"礼别异"。不过，大家毕竟是一家人，长幼尊卑得讲究，但不能讲究得太过。古人早就看到"礼胜则离"，就是太讲究礼的形式、太注重长幼尊卑，反倒容易让大家彼此疏远。配套的解决方案是乐，因为"乐和同"。礼和乐从来都是如影随形的，如果礼仪场合都是静悄悄的，就太尴尬了。比如，祭祀的时候，奏的乐可能和家族历史有关，况且周代各个诸侯国大都有自己的乐。对于这些乐，共同体的成员基本上一起从小听到大。乐不分长幼尊卑，它进入每个身份不同的人耳朵里，所引起的情感是共通的，容易带来一种"一家人"的感觉。今天每个国家都有国歌，一听到各自的国歌，同属一国的人们，会涌起对"国"这个共同体的认同，也是一样的道理。当然，在古人看来，乐也不能过度，因为"乐胜则流"。无原则地强调乐之"和"，以至于太过随便，没有起码的规矩，共同体就会乱套，同样不能形成秩序。礼和乐之间，既需要相互配合，又需要相互节制，才能形成有区别的凝聚，有规矩的和谐，才能维系一个美好的共同体秩序，才能造就"有机团结"的状态，而不是"机械团结"或"一盘散沙"。

在这种状态中，群体与群体之间可以"化干戈为玉帛"。殷商时代的治理，主要依靠"干戈"即武力。周人依靠"玉帛"，善用礼乐文明，用文治的力量，把各个群体更和谐地团结在一起，造就出一个更普遍的天下体系。

在这种状态中，人们通过不断重复的礼乐实践，逐渐养成恭敬之心，养成真诚而庄重之心；学会最大限度地呵护他人的感受，也学会节制自己的不良情绪。大家相互遇见时，一个拱手作揖，哪怕是一个眼神，也会让彼此体会到共在于斯世之美好。这就是礼乐教化的力量。尽管柔软，却能走心。

当然，礼乐文明绝非万能，也不可能让共同体维系得天长地久。但是，只要它能延缓共同体瓦解的进程，能尽量穿越岁月的剪刀，就功莫大焉，值得人们怀着温情与敬意，去礼敬与回望。

小　结

一

从殷商到周代，中国历史发生一系列深刻的变化。

最重要的一个变化，在于天命观念从"尊神"到"敬德"的转变。殷人试图以逝去的祖先为中介，与作为至高神的"上帝"保持密切关系，希望由此永保天命。周取代殷商后，对其天命观念进行了深刻的反思，提出"皇天无亲，惟德是辅"的命题，把自身的正统性建立在"合德性"上面，为中华"大一统"的同心圆结构奠定了坚实的道义基础。由此，周人确定了"改朝"的依据，主要在于执政集团的"德"，弱化了虚无缥缈的神意，且不同于西方的契约。

周代之后，每当新的朝代兴起，大都宣称自己是"德"的化身，宣称"以德治天下"。并且，随着时代的演进，"德"还一步步从天子的专属，逐步普遍化为对执政集团的要求，再普遍化为士人的内在自觉，最后成为每个社会成员的道德修养。孔子提出"为政以德"的主张，德治由此成为中国政治的主流，也更符合中国人的心理习惯。今天，在现代社会的背景下，必须强调全面依法治国，来协调各个利益主体的关系，规范政治权力的运作。即便如此，中国也没有放弃"以德治国"。为什么？法治对现代社会确实是"必需品"，然而法治也有短板。比如，法治能把权力关进制度的笼子里，但不能保证被关进笼子的权力是一种、愿意为民众干事的"好"权力。要达到后一个目的，需要靠德治激发执政者的内在动力。

周代强调的"德"，其根本指向在于庇护农耕文明下民众的生存与生活。由此，中华文明形成深厚的民本传统。作为执政者，必须承担对民众的无限责任，否则天命就会改易，执政集团就要赔上自己的身家性命。正是在民本传统的浸润下，历朝历代总体上注重轻徭薄赋，减轻民众的负担。诸如文景之治、贞观之治、康乾盛世之类的盛世，无不在民本方面格外注重。"天地之间有杆秤，那秤砣是老百姓"。直到今天，中国共产党依然庄严宣告："人民对美好生活的向往，就是我们的奋斗目标。"这可以被认为是"敬德保民"在当代的创造性转化和创新性发展。中国共产党近年来集中精力"打赢脱贫攻坚战"，更是人类历史上亘古未有之伟业。

二

解决完"改朝"的问题，周人还必须解决"换代"的问题，才能确保政治共同体内部的稳定，避免颠覆性的危险。周人变殷商的"兄终弟及"为"父死子继"，同时确立"嫡长子继承制"的原则。围绕嫡长子的确认以及继承的优先秩序，需要区分大宗和地位不等的小宗，由此而有周代的宗法制。宗法制的核心，是把政治关系建立在家族关系之上，把法权关系建立在自然关系之上，这成为周朝保持长期稳定的重要原因。实事求是地说，不管什么政治，终归处理的是人与人之间的关系。周人在当时的生产力水平下，把政治建基于人伦，立足于人之常情的"常"，实现了政治秩序的"长"。尽管宗法制在后世出现诸多变化，但其中的合理因素，不宜一概否定。尤其是宗法制所蕴含的"家国同构"的传统，影响后世几千年。直到今天，中国人还在强调"家国天下"，倡导"家国情怀"。在世界所有的语言中，大概只有中文把"国"和"家"天然相连，组成"国家"这个词汇。而英语中像 country、state 这些词，严格来讲只有"国"的含义而没有"家"的意蕴。因为在西方文明中，国和家之间有一条深深的鸿沟。

与宗法制如影随形的封建制，解决了政治权力的分配问题，同样有助于维持农耕文明的政治稳定。在当时的历史条件下，封建制实现了大型国家的建构。这可以说是人类最早尝试并实践的大国内部的纵向政治分权。这种分权，在希腊城邦国家或中世纪欧洲的封建王国未曾实行过，在马其顿帝国、罗马帝国也未能制度性地实践过。相比之下，周代在这方面可以说为政治制度史作出了重要的贡献。①

　　尽管都叫"封建"，但周代与欧洲中世纪极为不同。欧洲中世纪的封建（feudal）有诸多割据的领主，但缺乏一个共主。而周代的封建，有一个共同的源头，就是周天子。周代尽管封建，但强调的是"定于一"，必须有一个共主。在这里，再次可以看到"大一统"对于中国政治根深蒂固的基因性意义。当然，强调"大一统"，不能以过度牺牲地方活力为代价。事实上，与郡县制相比，封建制虽然会带来离心力加大的问题，但是有助于激发各个地方的活力。明末顾炎武有鉴于当时过度中央集权的弊端，提出"寓封建于郡县之中"，就是在中央的向心力与地方的活力之间，寻找一个平衡点。他的思想资源，还是源自周代。

三

　　为了应对"以小治大"的局面，周人建构出一套比部落联盟更具普遍性的天下体系。与之相关的是承载天命的主体，从殷商时代的一个特定部落变为周王这个特定的位置。由此，天命所看护的对象，反而从一个特定部落扩展到整个天下。天下体系的普遍性，远超希腊的城邦政治。

　　对于分属一大堆城邦的希腊人而言，自己所在的城邦是其思考所有问题的前提，大多数讨论都围绕城邦展开。古希腊所谓的"公

---

① 参见苏力：《大国宪制》，北京大学出版社 2018 年版，第 229—234 页。

民社会",对外邦人有严格的限制。一个人离开自己的城邦,就成为没有权利的外邦人。[①] 而城邦内部数量庞大的奴隶,在哪里都没有政治权利可言。据估计,希腊最大的城邦雅典,全盛时期不过40多万人,自由民约9万,实际行使公民权的成年男性公民不过2.2万,只占总人口的百分之五左右。除了4万外邦人,剩下的33万人是没有任何公民权的奴隶。奴隶们被迫在手工作坊、矿山、农场进行繁重的劳动,而大部分财富则归所谓的"公民"。换句话说,正是基于严酷的"人我之分",基于奴隶们辛勤的劳作,那些所谓的"公民"们,才可以在大剧场里面聊哲学、谈艺术,搞所谓的民主政治。这还是号称古代民主典范的雅典,在全盛时期的"盛况",更别说其他城邦了。并且,这种城邦内部所谓的"民主",也不能带来城邦之间的民主。城邦之间反而经常处于战国状态,时不时出现霸主政治。[②] 希腊之后的罗马帝国,尝试过多种政治制度,唯独没有捡起希腊的民主这个"法宝"。罗马帝国本质上不过是罗马城邦对其他被征服地区的支配。

相比之下,早在三千多年前,中国的古人们就强调"天下",以一种积极融合、共荣共生的心态,超越一城一邦的局限,超越我族和他族的藩篱,建构出一个更大的"同心圆"。中国人早就知道"你好我好"才能"大家好",试图通过"你来我往"造就"你中有

---

① 参见瞿林东主编,刘家和、易宁等:《历史文化认同与中国统一多民族国家》第五卷,河北人民出版社2013年版,第105页。

② 参见张志强:《应以怎样的态度认识中国》,观察者网,2014年2月16日,见 https://www.guancha.cn/ZhangZhiQiang/2014_02_16_206255.shtml。

我，我中有你"的交融与和谐。今天，中国积极提倡人类命运共同体，希望"同一个世界，同一个梦想"，成为纷乱国际舞台上的一股清流。

在天下体系中，周人运用当时技术条件下最经济有效的血缘和姻亲的纽带，逐渐把同姓和异姓诸侯国都编织在一个彼此交错的庞大人伦网络之中。宗法制和封建制，成为该网络的重要制度支撑。为了让血缘亲情能够更长久地穿越岁月的剪刀，周人通过礼乐文明将大家凝聚起来。基于礼乐文明的软性规定，群体和群体之间、个人和个人之间，通过礼乐实践发生复杂的互动，达成"有机团结"。人们逐渐养成恭敬有礼的内在修养与行为气质。通过礼乐，周代建构的"同心圆"，获得了维系自身的纽带。礼乐文明影响中国几千年，成为中华文明的一张珍贵名片。直到今天，中国仍然自称"礼仪之邦"。就算在中国近现代转型的过程中，礼乐文明有所失落，但当中国逐渐恢复元气，礼乐文明也在当下的社会逐渐回归。这并非源自外在的强制，而是根源于人们内心深处的选择。这就是"文化基因"的力量。

四

王国维指出，周公制礼作乐、开创周代政治制度，其宗旨在于"纳上下于道德"，统合天子、诸侯、卿、大夫、士、平民成为一个"道德之团体"[①]，以道德的原则建构伦理本位的社会。通过礼乐教

---

① 王国维：《观堂集林》（上册），中华书局 1959 年版，第 454 页。

化，周代从"尊神"到"敬德"的转向，得到了更深刻、更广泛的落实，而不仅仅局限于比较抽象的天命观念层面的转变。

周代就有"惟德是辅"，今天中国还强调"以德治国"；周代就有"敬德保民"，今天中国共产党主张"为人民服务"；周代就有"家国同构"，今天中国人仍然深具"家国情怀"；周代就有分封建国，今天中华民族强调"多元一体"；周代就有官僚制，今天中国仍然崇尚贤能政治；周代就有"天下体系"，今天中国倡导"人类命运共同体"；周代开始"制礼作乐"，今天中国仍自称"礼仪之邦"……

今天的中国，和周代隔着三千多年的时光，隔着多少跌宕起伏的历史，但内在的文化血脉，仍然不曾隔断。

就像周和殷商，虽然有诸多剧变，但仍有不断的血脉。殷商之于其前，当亦复如是。

这大概是中华文明之连续性的奥秘吧！

第 三 章

周秦之变：从封建到郡县

尽管周代的各项制度相比殷商有莫大的进步，但时间一长，社会一变，很多制度就逐渐运转不灵了。武力强悍的游牧部落犬戎攻破镐京，周平王（？—前720）仓皇地把都城迁到洛邑，周天子权威扫地。在西周时代默默积蓄力量的一些诸侯做大，实力逐渐超过了周天子。当离心力逐渐超过向心力，周代建构的同心圆结构，就慢慢地进入解体的进程。

一、礼坏乐崩

"礼坏乐崩"是春秋时期的突出特征。曾经维系天下体系、贯穿于宗法制和封建制的礼乐文明，逐渐濒临崩溃，运转失灵。

（一）推倒封建格局的"多米诺骨牌"

整个春秋时代，周天子权威不断跌落。郑庄公（前757—前701）不仅跑到周王室的地盘去收割粮食，还在交战中一箭射中周桓王（？—前697）的肩膀，弄得周天子在各个诸侯面前灰头土脸，颜面尽失。楚庄王（？—前591）带着军队跑到洛邑郊外耀武扬威，还去问周王室的王孙满，周朝的传国之宝"九鼎"到底有多重，好在被王孙满用一句"在德不在鼎"顶了回去，留下一个"问鼎"的典故。

当没人把周天子放在眼里，同心圆的圆心就逐渐丧失向心力。上面没了管束，下面逐渐乱套。那些弑君自立的诸侯，不把周天子的规矩放在眼里。但规矩坏了，这些人的日子也并不好过。所谓"上梁不正下梁歪"，他们底下那些卿大夫，甚至卿大夫下面的陪臣，各自都跃跃欲试，对诸侯之位表现出极大的兴趣。这就是所谓"诸侯僭于天子，大夫僭于诸侯"[①]，一层一层从下往上不断僭越。天子也不过是无辜的受害者而已。下面还有一句话叫"天子过天道"，或者说"天子僭天"，不把自己权力的最终来源放在眼里，不遵守天道的约束。周王室内部也开始上演兄弟相残、弑君夺位的戏码；周天子还收受贿赂承认诸侯国小宗对大宗的取代。

人伦亲情随着世代的演进而稀薄，崩坏的礼乐又不能拢住人心，强调"亲亲"的宗法制就逐渐运转失灵。宗法制本来是要通过严格的继承序列来避免政局的动荡。可到这一时期，嫡长子继承制屡遭破坏，小宗甚至通过武力取代大宗，带来诸侯国内部的混乱。臣弑其君，子弑其父，有的小宗取代大宗，有的大宗翦灭小宗。父子相杀，兄弟相残，类似的事情层出不穷。司马迁（前145或前135—？）归纳《春秋》，总结书里有记载的"弑君"案例就有

---

① 《春秋公羊传·昭公二十五年》。

三十六起，"亡国"的案例就有五十二起。丢掉封地、四处避难的诸侯，更是遍地都是。

"弑君"意味着国内继承秩序的紊乱，意味着宗法制的衰落；"亡国"意味着国家间的兼并，意味着封建制的动摇。宗法制和封建制被破坏的加速度，到战国时代越来越上升。震撼性的大事，像多米诺骨牌一样接二连三出现。[①]

公元前 403 年，三家分晋。

晋国本来是春秋时代的超级大国，最后被作为卿的韩赵魏三家瓜分。当时的周威烈王竟然正式承认了三家的诸侯地位。这件事影响极为恶劣。所谓"分封"，本应该自上而下，才能维护在上位者的权威。如今韩赵魏三家生米煮成熟饭后，再让周天子来"封"，那么周天子的权威何在？此其一。三家做了违背周礼、犯上作乱的事，周天子本来该依据周礼讨伐之，如今周天子收了三家的贿赂，不仅毫不追究，反而授予正式爵位，那以后谁还把周礼放在眼里？有兵有地有钱，就可以封为诸侯，这样的诸侯又能值几个钱？此其二。

司马光（1019—1086）那本皇皇巨著《资治通鉴》，没有以三皇五帝或夏商周开篇，而是以"三家分晋"开篇，可谓慧眼独具。因为这是一个标志性的事件，意味着一个统一的政治秩序，到这里走向破产！

公元前 386 年，田氏代齐。

---

① 参见田余庆：《中国古代史上的国家统一问题》，载国家图书馆编：《大国价值》，国家图书馆出版社 2017 年版，第 187—214 页。此处主要参见该书第 195—196 页。

齐国本来是姜子牙的后代（姜姓吕氏），但是姜姓传了二十多代后，被从陈国迁过去的权臣田氏所架空。在近一百年的时间里，田氏一族五代人多次请求朝见周天子，但都因不够资格而被拒之门外。后来，田氏找到魏国君主，请他在周天子和诸侯面前游说一番，最后果真被正式册封为齐侯。

公元前 332 年，徐州相王。

为了向之前的宿敌齐国示好，魏侯领着韩侯和一帮小诸侯，跑到徐州（在今山东藤县东南）去朝见齐侯，正式尊其为王，后世称其为齐威王（前 378—前 320）。齐威王不想一个人当出头鸟，拉着魏侯一起称王，后世称其为魏惠王（前 440—前 319）。此前，天下只有周天子才真正称王。"徐州相王"意味着周天子仅存的最后一丝尊严也没有了。此后，一堆大大小小的诸侯纷纷称王。最高的王号都可以由各诸侯国自产自销，封建秩序更是乱了套。

公元前 288 年，齐秦互帝。

秦昭襄王（前 325—前 251）自称西帝，但心里没底，想拉着东方大国齐国的君主齐湣王（前 323—前 284）一起，互称西帝、东帝。虽然后来两人怕各国反对，匆匆取消帝号，但这个事件意味着，在一堆"王"上面，确实需要一个更高的统治者来收拾局面。

总之，从三家分晋开始，每隔几十年就有一件大事发生，把周代的封建制度弄得千疮百孔，把周天子的权威一步步碾压得粉碎。

春秋时代，周天子虽然衰微，但还维持着天下共主的名分，大国诸侯至少表面上要打着"尊王攘夷"的旗号，才能登上霸主的地位。到战国时代，各国连这样的口号也懒得多提了。周天子最大的用处，大概是为那些僭越的诸侯签字盖章，承认他们的名分罢了。等到诸侯纷纷称王，连这名分都失去意义了。待到公元前256年秦灭周，各大诸侯国几乎不见有啥反应。

（二）井田制为什么玩不转了？

政治上层建筑的剧烈变动背后，是经济基础的深刻变化。这需要从井田制讲起。[①]

一般认为，周代实行井田制，至少早期如此。在这个制度下，土地的产权名义上归周天子。通过层层分封，各级诸侯贵族作为封建领主，实际拥有各个地块的产权。他们把耕地平均分配给农民，每家受田百亩，叫"私田"。然后八家组合在一起，共同耕种一百亩"公田"。私田的收入归农民自己，公田的收入归农民直属的封建领主。八块私田环绕在公田四周，共同组成"井"字形。一般农民二十岁受田，六十岁把田归还领主。

当时，人群以聚居的形式散布在大地上，就连国与国之间都有大量空地，没必要划分明确的疆界。一开始，分封确实可行，反正稀缺的是人而不是地，分封主要是分给领主一拨人去开荒种地，重要的是给人而不是给地。相对于当时稀少的人口，土地的供给量仿佛是无限的，于是先挑平整、肥沃的地方画井字、开垦了再说。当

① 此节关于井田制及其改革，以及战国王制国家的形成，参见刘守刚：《中国财政史十六讲：基于财政政治学的历史重撰》，复旦大学出版社2017年版，第27—41页。主要是第三讲"从城邦到帝国进程中的财政国家"部分内容。另参见张宏杰：《简读中国史》，岳麓书社2019年版，第53—57页，主要是第九章"战国史就是变法史"部分内容。

时，农业技术还不够发达，生产工具比较原始，需要靠村社集体劳动来弥补技术的不足。不仅公田里面是集体劳动，即便私田里面也需要各家各户时不时搭把手、相互协作。

但是，人会生人，人口会以指数级获得增长。在西周两百多年的稳定环境中，这种增长会更加迅速。据推测，西周初年的人口大约是 1000 万，但春秋战国之际已有 2000 万左右。在土地边际报酬递减规律作用下，原有井田内人均产量越来越低。为了解决吃饭问题，人们不得不去开垦原先看不上的、不那么肥沃的、井田之外的薄地。

另一方面，人们也逐渐有能力开垦这些荒地，原因在于技术的进步。

西周时代，青铜冶炼受铜矿、锡矿分布稀少的影响，成本较高，主要用于制造礼器、食器和兵器。农具以木、石、骨材料为主，青铜农具不多，硬度也不太够。最迟到前 6 世纪的春秋晚期，得益于冶铸青铜器的鼓风设备，中国就有冶铸白口生铁的技术（相比之下，西方直到 14 世纪，由于水力鼓风机的采用才使冶炼铸铁技术得以推广，比中国晚了近 2000 年）。铁的硬度比青铜更高。与铜矿和锡矿相比，铁矿的分布更为普遍。因此，铁制农具不光质量提升、种类增加，而且成本更低。铁器的运用，加上水利灌溉工程的开发，提高了劳动效率。当技术进步之后，村社集体劳动不仅没有必要，反而会凸显在公田里"磨洋工"的问题。有文献记载说，当时老百姓在公田里不肯尽力，但在私田里的劳动积极性奇高。之所以在公田能"磨洋工"，在于随着效率的提高，同等时间下不需要出那么多力，也能获得和之前一样多的产出交给领主，但不到点又不好意思收工；之所以在私田里尽心尽力，是因为干完后可以自己做主，拿着铁器再去开垦其他荒地。

在这种情况下，"井田制"就显得落后了，改革势在必行。

（三）大诸侯国的集权之路

改革也有契机。"私田"的产权，游离于原有的"井田制"之外。这些土地上的"剩余产品"，到底该归谁所有？国君和贵族都在打主意。毕竟农民也没办法独占，他们也需要一个"保护者"，来确保基本的生产秩序。于是，一番复杂而残酷的博弈下来，在有些国家，国君获得这些额外的"收入"，在博弈中占了上风，于是有实力削弱或消灭一些贵族，把他们的封地收归己有；在另一些国家，占据优势的贵族可能把国君废掉，自己僭越成为国君，然后再重复强势国君的逻辑，去削弱或消灭其他贵族。这就是当时弑君僭越频发的深层经济逻辑。①

不管谁削弱或消灭谁，要想获得这些"额外"财富，都不能再用井田制的形式。于是改为以每家每户的总收入为基准，收取一部分作为财政收入。最后，基于公田"磨洋工"等问题，一些诸侯国干脆"通公私"，取消公田和私田的区别，甚至一并取消贵族的封地，一律"履亩而税"，以家庭为单位，按面积收税。这样一来，农民为家生产的积极性被调动出来，小农家庭作为更有效率的生产

---

① 参见施展：《枢纽：3000年的中国》，广西师范大学出版社2018年版，第133—135页。

单位，终于取代之前的村社。春秋战国时代诸侯国的财政汲取能力，由此得到空前的加强。

财政上有了钱，有些事情就好办多了。

到春秋时代，随着代际的繁衍，一些原本出身贵族家庭的成员，逐渐递降为"士"。随着竹简的广泛使用，这些"士"以及一些平民子弟都有机会接受教育。他们为了拓宽自己的社会上升通道，游历于各个诸侯国去寻找机会。而在列国竞争的格局下，一些励精图治的国君也有"求贤若渴"的冲动。此时，财政也有了养专业官僚的本钱，士人正好成为官僚的重要来源。这些官僚没有封地，但领俸禄。[①]

另外，迫于竞争压力，基于财政实力，各诸侯国逐渐突破周礼对各国军队规模的限制，纷纷扩军备战。各诸侯国还进一步拓宽兵源。本来，按照周礼，居住在城邑或近郊、由诸侯分封时带过来的那拨人被称为"国人"，需承担兵役，但财政负担轻；而居住在城外的当地原住民被称为"野人"，不需要服兵役，但财政负担较重。此时，不论国人还是野人，都成为国家编户管理的小农，国野之别日趋模糊，都需要交税、服兵役。这是战争规模升级的重要原因。

总之，面对人口压力，得益于技术进步，"泥腿子"们通过垦荒寻找出路，最终充实了君主的"钱袋子"。腰包鼓了的君主，在列国竞争的压力下，用"钱袋子"去养"笔杆子"和"刀把子"，于是一些大诸侯国的中央集权程度不断提高。

---

① 参见施展：《枢纽：3000 年的中国》，广西师范大学出版社 2018 年版，第 135—136 页。

（四）诸子百家：如何结束乱世？

西周到春秋的诸侯国，基本上是以人口为支撑点的城邦。到战国时代，以土地为支撑点的"王制"国家逐渐成型。"王制"国家间你死我活的竞争，导致战争规模和烈度的升级。

相比之下，尽管"春秋无义战"，但当时诸侯之间打仗，多少还要讲礼，还有一个基本的规矩。那个被后人嘲笑的宋襄公（？—前637），不肯在楚国军队渡河的时候乘人之危，就是因为遵守双方对于战争地点的约定。有的国家被别国灭掉后，齐桓公（？—前643）等霸主哪怕另找一块地方也要想办法帮人复国。但是，到了战国时代，人们更相信自己的实力，为了取胜不惜用阴谋诡计。秦昭襄王约楚怀王（约前355—前296）到秦国会盟，楚怀王一到会盟地点就被秦国人逮起来，一直被囚禁到死。从战争规模上看，春秋时代用兵规模不算太大。比如，晋国有一次率领十几个诸侯讨伐秦国，算是春秋时的一场大战了，但当时双方兵力加起来也不过十几万。但到战国时代，动辄参战人数几十万，大的战争甚至光战死者就有几十万。比如，伊阙之战，秦军斩杀韩魏联军24万；鄢郢之战，楚国损失精锐30多万；长平之战，参战人数过百万，赵国损失精锐45万。

春秋时代的战争，"争霸"是主要目的；战国时代的战争，到后期则是直接奔着"灭国"去的。

频繁且不断升级的战争，带来的是民众生活的动荡不安。农耕文明最需要的和平和稳定的外部环境，遭到了严重的破坏。这个时代何去何从？

这就要说到"百家争鸣"。

今天，人们对"百家争鸣"颇为神往，认为那意味着思想自由，学术兼容并包。吊诡的是，这个思想史上的黄金盛世，恰恰是以现实中的乱世为代价的。礼坏乐崩、大争之世，这是春秋战国的总体特征，也是诸子百家思考的共同前提。参与争鸣的诸子，虽然立场不同，观点各异，但都在思考同一个核心的时代课题：

据《汉书》记载，所谓"诸子百家"，当时数得上名字的，一共有189家，4324篇著作。真正有较大影响的，不过几十家。后世归纳的重要学派，主要有十二家：法家、道家、墨家、儒家、阴阳家、名家、杂家、农家、小说家、纵横家、兵家、医家。

如何"定于一"？

如何结束眼前纷繁的乱世，重建一个稳定、统一的政治秩序？

诸子中比较重要的，有儒墨道法四家。

二、奠定文明根基的孔子

讲儒家，理所当然要讲孔子。

55岁那年，孔子开始周游列国，前后持续14年。孔子30岁学成，72岁去世，周游列国的时间占了这42年的三分之一。这14年，孔子师徒走得非常辛苦。好几次被人围起来，甚至有一次七天七夜吃不到一口热饭。被围困的主要原因，在于一些国家的旧贵族害怕孔子去了威胁他们的地位。当时郑国有人曾经打趣孔子，说他"累累若丧家之狗"①，像一条流浪狗一样成天东奔西走。若纯粹从个人事功的角度看，孔子生前郁郁不得志，周游列国14年也没游出个名堂，最后只好回到鲁国，编书育人以至终老。

但是，孔子死后，历朝历代却不断给他加封。原本只是大夫的他，在后世前后获得了十几个"荣誉称号"。孔子的嫡系后人，也被历代朝廷加封。孔府、孔庙、孔林被称为"三孔"，成为著名的世界文化遗产。

从生前被人戏谑为"丧家狗"，到死后备受尊隆，孔家俨然有"天下第一家"的美誉。如此巨大的反差，背后原因何在？不妨围绕四个字讲讲。

（一）礼：植根于心灵的规矩

孔子最痛心的事，就是"礼坏乐崩"。不过，礼坏乐崩并不像字面所说的那样，人们不再举行礼乐的仪式。恰恰相反，礼乐在表面上似乎更加繁荣和兴盛。比如，按照周礼本来只能享用十六人跳舞的鲁国卿大夫，竟然私自僭用天子才能享用的六十四人舞蹈。气得孔夫子说出了一句在后世非常有名的话："是可忍也，孰不可

---

① 《史记·孔子世家》。

子路曰:"卫君待子而为政,子将奚先?"子曰:"必也正名乎!"子路曰属:"有是哉?子之迂也,奚其正?"子曰:"野哉!由也。君子于其所不知,盖阙如也。名不正,则言不顺;言不顺,则事不成。事不成,则礼乐不兴;礼乐不兴,则刑罚不中;刑罚不中,则民无所措手足。故君子名之必可言也,言之必可行也。君子于其言,无所苟而已矣。"(《论语·子路》)

忍也。"[1] 礼乐本来是用来维系社会秩序、安顿世道人心的,可不断被僭越的礼乐,就算再热闹,如何又具有感染人心、维系秩序的力量呢?就像橡皮筋,本来可以用来绑头发,令其更加整洁。如果橡皮筋不断被强力拉伸,表面上看确实变长了,却逐渐失去弹性,就不再具有让头发更整洁的功能。一个失去内在弹性的橡皮筋尚且如此,一个失去内在感染力的礼乐,又有何价值呢?

面对碎了一地的周礼,孔子的选择是"吾从周",要重建周代的礼乐。从何入手呢?"正名"。春秋时代的一个麻烦,就在于君主没有君主的样儿,臣子没有臣子的样儿,父亲没有父亲的样儿,儿子没有儿子的样儿。一句话,大家都名不副实!所以才招来那么多祸事,谁都难以安生。孔子强调"正名",就是希望用礼制的名分,来约束大家遵

---

[1] 《论语·八佾》。

守相应的行为规范，不要由着性子乱来。孔子认为，如果没有"正名"，那些礼乐、刑罚之类都是虚的，没有根基，也不会令人信服。今天中国人还注重"名正言顺"，话头就是从这儿来的。不过，光正名还太外在，孔子继续往内在走，提出"克己复礼"，就是要管住自己那颗"叮叮当当的心"，让它安放在礼里面，才能让礼恢复到它应该有的样子。礼有了尊严，在礼中的人也才有尊严。

"礼"相当于今天的"规矩"。各个时代的规矩，具体内容有差异，没必要照搬，但守规矩的要求，却是共通的。人离开社会共同体，没办法独自生活。大家在一块儿，如果没规矩，共同体乱了套，每个人都遭殃。礼也好，规矩也罢，都是用来保障社会秩序的。如果人们都不守礼，都不遵守自己的行为规范，一个人就算今天靠破坏规矩把别人干掉，明天别人也会再如法炮制把他干掉，谁都不落好。

孔子曾说他自己到 70 岁能够做到"从心所欲不逾矩"，让自己的内心和外在的规矩完全地融合在一起，把规矩完全内化于心、外显于行，彼此不分了。

"守规矩"这事儿，是孔子给中国人立下的最大的规矩。有了规矩，"大一统"才不会散架。

（二）士：道德与价值的担当

西周时代的贵族有五个等级，分别叫做天子、诸侯、卿、大夫、士。士原本是贵族中最不起眼的，但好歹还是贵族。随着世代的演进累积，到春秋战国时代，士越来越多。多了就贬值，慢慢和平民没什么差别。随着经济的发展，原本的平民阶层也在不断壮大。

对于这些人，他们社会上升的渠道在哪里？当时，随着人口的增加，需要更多人才进行社会管理，而人才需要的是知识。知识靠谁来教呢？孔子站了出来。

在孔子的众多封号中，"至圣先师"大概是最贴切的一个。孔子可以说是最早的民办学校校长——弟子三千，应该不是虚指，在当时的社会，这个数字很了不起。他开的还是"国际学校"，不光鲁国人，各个诸侯国的人都跟他学习。这个学校还是个流动学校——在周游列国的路上，孔子还一边走一边收了不少学生。

在孔子之前，教育资源非常有限，一般只有贵族才有机会接受公办教育，私立教育基本上空缺。孔子就像西方神话中的普罗米修斯一样，把教育的火种，从"公办教育"那里"偷"过来，惠及更多的人。他的学生中不乏慕名而来的贵族子弟，但绝大多数是平民出身，没有或失去了贵族的身份。他用自己渊博的学识教他们读书，让他们即便没有贵族的出身，也能学习礼乐射御书数这些当时"公办教育"的主课，从而具备贵族的学识

知·识·链·接

士志于道，而耻恶衣恶食者，未足与议也。(《论语·里仁》)

士而怀居，不足以为士矣！(《论语·宪问》)

君子谋道不谋食……君子忧道不忧贫。(《论语·卫灵公》)

和修养；他以自己崇高的德行教学生做人，在那样一个无道的世界里，给他们提出"士志于道"的崇高要求：既然想成为一个真正的士，就不能讲究吃、讲究穿，而要把失落的"道"重新担当起来，要有超越于现实利益的整体和长远考量。孔子还以"君子"的标准来要求这些读书人，告诫他们，就算要谋求一官半职讨生活，也绝对不能忘记谋求大道。君子担心的，不是自身的贫穷，而是大道的失落。

"士志于道"四个字，从千言万语中拎出来，"士"才焕发出精气神，才具有了自身的自觉意识。"道"的含义比较复杂。在儒家那里，大概需要通过自我修身和人文教化，让人世的秩序不违背天道的法则和历史的正义，让道德和价值而不是利益和智谋成为社会的主导原则，由此社会才能获得一种健康而可持续的秩序。"道"让士人在现实的纷扰中一骑绝尘，但并不抽身而去，获得一种昂首挺立于尘世间的道德勇气。孔门弟子当中，颜渊（前521—前481）、子贡、子路（前542—前480）、冉有（前522—？）、公西华（前509或519—？），哪怕是因为睡个午觉被孔子骂得挺惨的宰我（前522—前458），都是个顶个的士人。他们昂然独立，有胸怀，有原则，有担当，有操守，在各个领域承担起政治和教化的重任。孔子死后，弟子们散居到各地，其所发挥的潜移默化的教化之功，绝对不可小觑。

从社会分成而言，中国古代是士农工商"四民社会"。士不像农民、工匠那样能生产有形的产品，也不像商人那样能保证物流的畅通，但凭什么士在四民中排在首位？在四民中，农工商可以在遵纪守法的前提下，去追求自己的个人利益或小家庭利益。但是，如果所有人的眼光都只局限于自己眼前的一亩三分地，那么社会共同体如何维系？如何处理共同体内部的各种矛盾？如何应对外部的强大挑战？总得有人超越一己之眼光，就算无恒产也能有恒心，所谓"身无分文，心忧天下"，才能使得社会共同体的道德和价值得以确立和维系。在西方宗教文明中，传教士担当了类似的角色，但还需要宗教做终极依靠。孔子则唤起士人的道德勇气，让他们成为社会道德与价值的自觉的承担者。因此，如果一个士人，只是用自己的学识变着法儿去谋求自身利益，那不过是今天人们所批评的"精致的利己主义者"，只会让社会越来越糟糕。

（三）史：基于历史的审判

孔子留下一部一万八千多字的《春秋》，却在后世产生巨大的影响。孟子说《春秋》能够让乱臣贼子都感到惧怕。古人还说，《春秋》里面一个字的夸奖，比被赠予华丽的礼服还珍贵；而只言片语的贬斥，却比当众挨一顿暴打还难受。

有人可能会说，怎么可能？对乱臣贼子而言，我生前坏事做绝，过把瘾就死，哪管死后洪水滔天！但是，只要是一个中国人，就算是大奸大恶，就算别的可以不管，家却不可以不管，子孙后代却不可以不管。"积善之家必有余庆，积不善之家必有余殃"①，这是重视家的中国人的一个根本信念。所以，就算一个人在世的时候想

---

① 《周易·文言传》。

为所欲为，都得掂量掂量：如果历史给我记上一笔，我的子孙后代是要替我承担骂名的！在其所影响的那个尽管有限的天地内，子孙会因为其所作所为而被人指指点点。"千夫所指"之下，心理压力超大，甚至会"无疾而死"。当然，如果一个人做好事，同样会被历史所铭记，而后代会受惠于祖先的美名。

一个社会，只有确立起是非善恶的标准，只有惩恶而扬善，才能让人们形成稳定而积极的心理期待。可是，如何才能让人们"诸恶莫作，众善奉行"呢？在西方的宗教传统中，一个人作恶的时候，他总得掂量掂量，因为担心死后要下地狱。当然，做了好事会很开心，因为可以上天堂。西方用宗教来审判善恶，约束人们的行为。可是，中国缺乏强大的宗教传统，人们是否就无法无天了呢？不是。中国虽然缺乏宗教的审判，但有历史的审判。这个审判，以中国人的家伦理做深厚支撑，同样是实实在在的。尤其是对于君主和为政者而言，这种历史的审判，对其施政行为具有一种底层的、内在的约束。他们必须在意一个问题：如何才能上不负祖先、下不愧后代？如何才能在史书上留个好名声？

这个历史审判的传统，是由孔子通过笔削《春秋》的举动所奠定的。在孔子之前，也有史书，有史官传统，但缺乏自觉的价值观支撑；孔子之后，历代史家著史，都得传承《春秋》的这种精神，让历史本身成为道德的载体，成为审判君主和为政者的重要手段。

（四）仁：从亲情出发的爱

孔子讲"仁者爱人"，仁和爱高度相关。

　　或许令人略感"失望"的是，和墨家的兼爱、西方宗教所讲的博爱不同，儒家所讲的"仁爱"是一种"差等之爱"：一个人要从爱自己的父母、兄弟开始，一步步地把爱往外推，推展到熟悉的亲戚朋友，再推展到更多人，最后是"泛爱众"、"民胞物与"的境界——所有人都是我的同胞，万物都是我的伙伴。可能有人认为，和兼爱、博爱相比，儒家、孔子所提倡的仁爱有点落后。可是，这个结构背后，有其深刻的逻辑起点，那就是"人之为人"的根本事实。

　　尽管人类通过其高度发达的智力和与之相关的组织性，而高居地球食物链的顶端，但就刚出生时的状态而言，人类其实竞争不过大多数动物！脆弱不堪的婴幼儿，如果离开父母和家人无微不至的、漫长的照顾，根本不可能活下来，不可能长大成人。

　　相比其他动物，人类还是"幼态持续"时间最长的动物。所谓"幼态持续"，就是从出生到性发育成熟的时间——人类竟然需要十三四年，大大超过许多动物的寿命长度。在这段漫长的时间中，人类和父母、家人的互动程度之深，也是其他动物所望尘莫及的。①

　　正是在这个深刻互动的漫长过程中，人类因为父母和家人无微不至的"爱"，才在内心逐渐培养出健全的"爱"的能力——爱并不是先天具有的情感，而是后天发育的心灵能力。在这项能力发育的过程中，如果遭逢家庭变故，缺失了父母和家人的爱，一个人的

① 　参见郑也夫：《神似祖先》，中国青年出版社 2009 年版，第 126—131 页。

"爱"的能力会受到极大的影响。如果完全缺失这个"被人爱"的过程，比如一出生就不幸被狼叼走，然后被狼养大，那么这个人就很难具有正常的人类的"爱"的情感。

一个人"爱"的情感本身是通过父母和家人的抚养过程而获得的，一般从父母和家人那里所获得的爱最多、最深。基于简单而朴实的常理，人应该首先把爱回报给父母和家人。儒家正是在无意间遵循了这个"人之为人"的最根本的事实！这个事实如此关涉人类存在和成长的本质，所以儒家强调"爱由亲始"，就有了最坚实的人性根基。

中国古代有所谓"五服"的制度安排。从父母出发，按照亲疏远近，对不同亲属服丧会有时长、服饰等方面的显著差异，一服一服往外不断递减。这不仅是礼制的刻板安排，更是基于人类生命成长的一个基本事实——抚养幼儿是一项超越小家庭能力、需要更大亲属系统支持的复杂事务。在长大成人的过程中，一个人所接受的来自亲疏远近关系不同的亲属的"爱"，在客观上是有差别的。这是一个自然而然的状态，因为每个"服"的亲属也有自己的子女，首先要更多承担对他们的义务。同样基于简单朴实的常理，一个人需要在亲属去世之后，用不同程度的服丧的方式，对这份爱予以回馈。当然，现实中的具体情况千差万别，礼制则用一种相对固化的方式，把这种人伦关系确定下来。如此一来，以自己为中心，一圈一圈往外推，也逐渐形成一个"同心圆"的结构，那就是"人伦"——"伦"和"轮"同音，本质上就有圈层化的意蕴。

（五）被"仁"制造过的心灵

面对人类生命成长的基本事实，儒家高扬基于人类生命自然成长历程的"孝道"，立足家庭、家族之"情"，为仁爱之心的发育提供充沛的自然情感基础。《孝经》说，一个人如果连自己的亲人都不知道爱、不知道敬，而宣称爱他人、敬他人，这种爱和敬是没有根基的，违背了道德和礼制，只是一种流于表面的虚伪。

另外一方面，一家一户不可能独自生活在广袤的大地上，千家万户在一起相互协作、结成共同体，每个人才能够生存下来。这是作为人必须面对的另一个重要事实。儒家讲的"仁爱"，还要通过"推己及人"、"将心比心"的"恕道"，超越家庭、家族之"私"，在更大范围内一步步推广基于家的亲情友爱，达到更高层次的和谐共生。

这两个方面有一种非常深刻的辩证关系。一方面要立足家庭和家族之情，另一方面又要超越家庭和家族之私。而"推"和"及"的依据，还是人之为人那最根本的情感，而不是"理"或者"契约"。"如心之谓恕"的解释意味着，要用如同对待父母和家人的心，去对待其他的人。

李泽厚等人强调中国文化是一种"情本体"的文化，而不是"理本体"。这种"情"，要超越的恰恰是一己之私情，要做到的是对他人"移情"，与他人"共情"。中国人讲"天理王法人情"，并没有因为高高在上的"天理"和"王法"而忽略最基本的"人情"；讲"合情合理"，先讲"同情心"再讲"同理心"，"情"字排在"理"字前面。

中国文化主要从"家"出发，主张共同体本位，遵循"差等之爱"的现实逻辑；西方文化主要从原子化的个人出发，强调个体本位，由此主张"平等之爱"的理想主义。"原子化的个人"如何相爱？当内在的根源不足，就必须找到一个强大的外在根源，这就需要上帝来做"平等之爱"的保障。可是，当尼采说"上帝死了"之后，人和人相爱的依据又在哪里呢？

正是基于"仁"的重要性，李泽厚说：

> 孔子通由仁而开始塑造一个文化心理结构体，如说得耸人听闻一点，也就是在制造中国人的心灵。[1]

换句话说，就算没认真地读过整本《论语》，只要是一个中国人，生活在这样一种文明氛围之中，心灵也是或多或少被"仁"字所"制造"过的。李泽厚还说：

> （儒学）虽然没有人格神的上帝，但在塑造、形成、影响中国人的心灵上，与基督教在西方社会并不相上下。[2]

近代以来，在一种"文化自卑"的情绪下，很多人认为"外国的月亮比中国圆"。今天，是时候好好思考自身历史文化传统的意义了。

（六）"大一统"的文明根基

如果做一个简单的概括，可以得出以下四条判断：

孔子维护了社会整合的基本纽带——礼。

---

[1]　李泽厚：《论语今读》，生活·读书·新知三联书店 2008 年版，第 32 页。

[2]　李泽厚：《论语今读》，生活·读书·新知三联书店 2008 年版，第 32 页。

孔子培养了"大一统"文明的担纲者——士。

孔子凸显了审判善恶的特有方式——史。

孔子萃取出中华文明的根本价值——仁。

孔子生活在走向分裂的春秋时代，却以深邃的历史眼光和精微的人性洞察，为中华"大一统"格局奠定了文明根基，赋予了价值内核。这不仅使得孔子尽管生前被称作"丧家狗"，死后却备受尊崇，更使得中华文明获得自身的自信、耐力和定力。

孔子之后，儒家内部分化出许多小学派，各自教化一方。辗转到战国，可谓"花开两朵"，分别是孟子和荀子。孟子沿着"仁"的思路，提出"性善"的命题，继续寻找其人性论基础——恻隐之心，为"仁"提供更内在的精神动力。在政治哲学上，孟子高扬仁义，追求王道、仁政，反对霸道、苛政。荀子立足于"性朴"的思路，认为要靠外在规范来约束人的行为，更加强调礼法的价值，希望王道和霸道能够统一。相比起来，孟子的思路似乎更"孔子"，但在乱世的现实中见效比较慢，有点像中药的机理。荀子靠外在的礼法，见效快，但副作用也较大，和西医有些类似。后来收拾乱世的，恰恰是荀子的学生韩非（约前280—前233）、李斯（前284—前208）等人所发扬光大的法家。

三、主张"兼相爱"的墨子

墨子(约前476或480—约前390或420) 曾经学习过儒家学说，但感觉颇不投缘。他认为儒家强调的礼乐、厚葬太铺张浪费。儒家竟然不怎么信鬼神，他也担心这会惹得鬼神不开心。于是，墨子自己开宗立派。在战国时代，墨子是和孔子齐名的思想家，甚至行动力还超过孔子。墨子的偶像，比孔子的偶像周公还早，是大禹。大禹"三过家门而不入"，墨子也是一副衣衫简朴、风雨兼程的苦行僧形象。据说，因为常年奔波操劳，墨子弄得头都秃了，脚跟都走破，腿肚上没肉，小腿上没毛，但他却乐在其中。

（一）兼爱、非攻与墨家团体

墨子常年奔波，为了什么？

墨子关注的一个核心问题，是如何避免战争。他很不喜欢当时诸侯之间乱哄哄争来打去的局面，因为最终受害的还是老百姓。他说"杀人以万，寡独比千"[①]，战争带来的不光是战场上直接的伤亡，还有这背后多少家庭的支离破碎！不过，墨子不是反对所有的战争，而是那种以大欺小、恃强凌弱的掠夺性战争。针对后者，他提出"非攻"的口号，即反对不正义的战争。

如何才能让不正义的战争停下来呢？墨子知道，光打嘴仗没有用，必须自己亲自去按"暂停键"。所以，墨子成天就满世界跑来跑去，劝那些大国别欺负人。但碰上不听劝的，怎么办？那就自己带人上，替小国守城。既然墨子"非攻"，那就需要"善守"。守城需要人，人从哪儿找？

墨子靠自己的精神魅力和理论体系，吸引来一批死心塌地跟他

---

① 《墨子·非攻》。

干的弟子。这帮人和墨子一样，大多是手工业者或农民，都是苦出身。作为社会底层，估计少不了被人欺负的经历。他们痛恨社会的不公，也愿意帮助弱小。"团结就是力量"。墨子把他们组织起来，形成一个纪律严明的团体。墨子自己任这个团体的首领，称为"巨子"。墨子死后，巨子还有继任者。巨子一声令下，众人赴汤蹈火，在所不辞。据说，后世的侠文化，传承的就是墨家的精髓。另外，墨家弟子如果在各国做官，都要用俸禄的一部分给墨家团体交"份子钱"，而且心甘情愿。和诸子百家中的其他学派相比，"组织化"是墨家非常突出的特点。

在深度介入现实世界的基础上，墨子还提出一套支撑其"非攻"的理论。这套理论的关键词，叫做"兼爱"。

人们为啥相互争来打去，导致"大争之世"，混乱不已？墨子没有主要从社会、经济等方面去分析，而是直奔人的心理，认为原因在于人们相互之间不相亲相爱，总是想着损人以利己。而那些占据资源优势的人，干起损人利己的事情，更是得心应手。墨子认为，既然找到混乱的根源，那解决的方案跟着也就来了。混乱的根源是人们"不相爱"，相应地，解决的方案就是"兼相爱"，进而"交相利"。墨子苦口婆心地劝人们：看待别人的国家，就像看待自己的国家一样；看待别人的家族，就像看待自己的家族一样；看待别人的身体，就像看待自己的身体一样。这样一来，都是自己人啊，有啥必要还打来打去呢？一句话，换位思考！不要有那么多人我之间的分别，要无差别地爱他人，相互之间互惠互利。墨子希望的，是一个视人若己、爱无差等的社会。这样的思路，与墨家信徒的职业身份有关。他们大多是手工业者。古代农业生产以家庭和家族为单位，而农耕文明又占据主要地位，提倡差等之爱，正好与家庭和家族的结构相适应。而手工业者本身需要建构跨越家庭和家族的普遍协作，对他们而言，"兼爱"也是一种更优的选择。

（二）落实"兼爱"：从思想到组织

"兼爱"的想法看上去挺好，但如何实现呢？从人类整体的角度来说，或者说从一个国家、一个家族的整体来说，这样确实能避免争夺，减少社会运行的成本。但问题是，就每个个体而言，却面临一个囚徒困境：如果能够投桃报李，正向反馈，当然皆大欢喜；如果碰到恩将仇报，而且是重复性地碰到好心没好报，这种利他行为如何持续呢？

墨子也明白"兼爱"在现实中确实不大容易落实。为了推行"兼爱"，他想了一些主意。墨子说，兼爱就算难，能难得过死亡吗？打仗会死人，为啥那么多人还去？因为君主喜欢！减肥不容易吧？楚灵王喜欢腰细的人，结果楚国一大堆臣子把自己饿得面黄肌瘦，要扶着墙才能站起来。为啥楚国人能做到减肥？因为君主喜欢！他举了很多例子，最后的意思是说，不要以为"兼爱"很难，只要君主喜欢，大力提倡，老百姓一定会跟风啦！

这样的想法，并不是墨子心血来潮。在更理论化的表达中，墨子认为，要通过组织化的方式，来实现思想的统一。他认为，如果每个人都有自己的想法和主义，相互攻击，那就麻烦了。因此，就算为了落实兼爱的主张，也必须让思想趋同化，这就叫"尚同"。

如何统一思想？靠层层的组织。从下往上，分别设立里长、乡长、三公之类，最上面是天子。在一乡之内，大家必须绝对地听乡长的，乡长说什么就是什么。否则，这个乡长就不称职。一层一层往上，最终"上同于天子"，以天子之是非为是非。从上往下层层传达，从下往上层层服从，思想就统一了。因此，天子只要提倡大家要"兼爱"，那实行起来有何困难呢！墨家以一种组织化的方式，把人的个体性消解在整体性当中，个体不能有真正的精神觉醒。

但是，就算宣称整体的意志对整体、因而对个体是有好处的，个体凭什么要无条件服从整体的意志呢？墨子于是祭出"天志"。墨子认为，天希望人们相亲相爱、互利互惠，不喜欢人们相互憎恶、彼此残害。如果顺应天的意志，就能够得到好处，否则就会受到惩罚。至于天为什么会有这样的倾向，墨子并没有多作说明，他只是简单地给"兼相爱"、"交相利"披上这层薄薄的神学外衣而已。那么，具体对人执行赏罚的是谁呢？墨子只好请出"鬼"。为了让人们相信鬼的真实存在，墨子还用他独特的"三表法"来进行"严密"的逻辑学论证。用逻辑学来严肃地证明"鬼"的存在，这样的操作倒也是

知·识·链·接

何谓三表？子墨子言曰：有本之者，有原之者，有用之者。于何本之？上本之古者圣王之事。于何原之？下原察百姓耳目之实。于何用之？废（发）以为刑政，观其中国家百姓人民之利。此所谓言有三表也。（《墨子·非命上》）

脑洞大开。

对于鬼神，孔子的态度是"敬鬼神而远之"。到墨子这里，天和鬼神成为一个必要的理论预设。正是这一点使得墨家成为一个准宗教组织。墨家成员之所以能够赴汤蹈火、死不旋踵，不光是出于对巨子的个人信任，还有这种宗教激情作为根基。但是，墨家思想中强烈的经验主义和世俗主义倾向，使得墨家无法建立起一个独立、超越的彼岸世界，而其整体主义的取向，也没有给个体救赎留下太多的位置。墨家强烈的和平主义追求，也使得墨家不能建构一个绝对排他的神灵信仰，因为绝对排他恰恰会导致纷争。

这些因素使得墨家的宗教要素，最终未能发育到高度成熟的程度。

（三）墨家的困境与价值

墨子不能从人心和人性深处找到"兼爱"的牢固根基，只好靠外在的组织化方式来确保"兼爱"的落实，靠外在的天和鬼来促使人们"兼爱"。"兼爱"是墨家的关键词，但恰恰是这个关键词，缺乏人心和人性的源头活水。和立足人的关系性存在的、差等性的"仁爱"不同，"兼爱"强调的是没有分别的爱，这意味着每个个体身上要对每个他人承担无穷无尽的责任和义务。这种思想会带来两种结果。一方面，对于一些普通人而言，由于责任和义务的对象和内容是无限的，可生命又是有限的，反倒不知道具体该怎么做，干脆无所适从地不作为。另一方面，对于墨家的忠实信徒而言，如果非要对每个他者承担起无穷的责任和义务，那就意味着个人的生活

101

变成彻头彻尾的负担和苦行，甚至快乐都成为一种罪恶。墨家讲"节用"，主张"非乐"，背后都有这种"反快乐"的思想倾向。这种思想对人性的要求太高，也太理想化，难以长期持续地被多数人所坚持，毕竟民众有对美好生活的追求。

和"差等之爱"相比，"兼爱"所倡导的"平等之爱"，看上去闪耀着理想主义的光芒，似乎容易带来一种道德优越感与"政治正确"。但是，若推至其极，这种逻辑是难以普遍化和持续化的。如果一个人爱自己的父母，和爱路人甲、路人乙一样，其父母会作何感想？如果一个人想完全同等地爱地球上六七十亿人，其实现路径又在哪里？"平等之爱"看上去很美好，但最终很难完全地实现，不能成为积极意义上可以普遍化、可被真实践行的观念。而"差等之爱"看上去没那么耀眼，也存在难以往外推的风险，但总体而言操作性更高，普遍性更强，因为它扎根在人心和人性深处。

作为战国时代与儒家齐名的学派，墨家在秦汉之后竟然逐渐消亡，但其积极一面也不容否定。尽管墨家未能按照自己的方式去结束战国的乱世，但墨家在组织建设中积累的经验，却有助于"大一统"国家的建构。墨子希望一个社会做到"上同而不下比"①，就是老百姓之间不能相互勾结，打自己的小算盘，都要统一听命于天子。这符合"大一统"政治的出发点。当然，这里的天子必须遵循"尚贤"的法则，必须是正义的化身。墨子试图让人们思想统一，这确实有些强人所难。但这个过程中，墨家对严密的组织建构的探

————————

① 《墨子·尚同上》。

索，却具有先驱性的意义。

同时，对于整个中华文明而言，墨家的积极意义也不容否定。尽管"兼爱"不具备普遍化的价值，但具有"破局"的意义。当人们陷于各自为家、不能推爱的困境时，兼爱所倡导的"平等之爱"能够通过一种外在的信仰，以一种振聋发聩的激烈方式，激发一个人的爱他人之心，而这实质上是"推爱"机制的一种实现。另外，当社会陷入阶层固化、民不聊生的境地时，历代农民起义提出"均贫富、等贵贱"等口号，与墨家的社会平等理想遥相呼应。

墨子本来就是社会底层的代言人。

四、提倡"无为"的老子

墨家对儒家有意见，道家对儒家也有批评。

对于儒家讲的规矩、名分，以及儒家念兹在兹要恢复的周礼，老子（约前571—约前471）听了肯定直摇头。老子认为，恰恰是儒家太强调名分，看重长幼尊卑，所以才导致了社会的混乱。此话怎讲？正因为有了名分，才有了尊卑，有了等级。于是，当卿大夫的想弄个诸侯当当，当诸侯的还寻思着过一把天子的瘾。处在较低等级的，都有取代较高等级的欲望。如果只是少数几个人争来争去，倒也无所谓，关键是这些人会裹挟着老百姓去当炮灰。于是，整个社会乱哄哄一团糟。怎么收拾乱局呢？儒家讲的仁义、智慧，看上去振振有词，但在老子看来没啥大用。因为这些说辞，不过是在大道废弃之后，不得已而用之的法子，裱糊着过日子而已。

这里有一个关键词——道。

(一)"道"与史官传统

老子怎么描述"道"呢？他一会儿说道无名无形，看不见摸不着的，似乎跟"无"有关；一会儿又说"其中有物"、"其中有象"、"其中有精"、"其中有信"，里面好像又"有"点什么。老先生在《道德经》一开篇就给自己找台阶下了——"道可道非常道"，道玄之又玄，本来就是有形的语言难以说清楚的。冯友兰勉强做了一个概括，叫做"万物所以生之总原理"①。

不如暂时放下对"道"的追究，先看看老子的身份。

提到老子，很多人脑子中会浮现一位骑着青牛的飘然老者的形象，会认为老子是一位"隐士"。据说，老子骑着青牛，出了大散关往西，不知所终。② 还好当时守大散关的关令尹喜是老子的超级粉丝，"滥用"了一回职权，强留他写了五千言，才有了后世之《道德经》。但是，在做隐士之前，老子又做什么呢？既然"出"关，他又是从何处而"来"呢？

老子的职业生涯，主要是做周王室的守藏史，大概相当图书馆兼档案馆的官员。老子的工作性质是"史官"，和司马迁也算同行。

作为史官，老子大概不仅要管理藏书和档案，还有一个重要的职责，就是观测天象。司马迁的理想是"究天人之际，通古今之

---

① 冯友兰：《中国哲学史》（上），重庆出版社 2009 年版，第 145 页。
② 老子"西出函谷关"是更流行的说法。但函谷关在东，大散关在西。进函谷关往西是进秦国，出了大散关往西才出了秦国，"不知所终"似乎更合理。

变，成一家之言"，排在首位的是"究天人之际"。这不是一句空话，而是要实实在在地观测天象。在先秦时代，甚至在整个古代，对王权而言，观测和把握天象都是一件具有极高政治意义的大事情。天子自认为是天的儿子，总该去探究天的"旨意"。在当时，史官就承担观测天象的工作，并且通过长年累月的观察，积累了大量的资料，逐渐能够把握天道运行的规律，获得"知天"的能力。

史官所观测到的天道，有什么根本特点？太阳东升西落，月亮阴晴圆缺，四时有序更迭，万物生死枯荣。这些根源性的现象是循环往复的，那么贯穿于这些各异的现象中的共同的天道，也应该是循环往复的。在史官那里，天道就是天运行的规律，是一种根源性的力量，同时具有一种神秘色彩。老子之所以和一般史官不一样，在于他剔除了那些神秘化的内容，并认为天道还不是最根源性的，毕竟其中有形有象。他从天道继续上溯，拎出一个更加形而上的、纯粹的"道"，作为一种真正的根源性的存在。老子的"道"，脱胎于史官的"天道"，但又超越之。老子既源于史官传统，又超越了史官传统。惟其如此，老子才成其为老子，道家才成为哲学而不是史学。

孔子是先秦礼乐文明的集大成者，《论语》以"仁"为基础，为周代礼乐文明赋予自觉的精神内核；老子则是先秦史官传统的集大成者，《道德经》站在"道"的基础上，对史官的天道予以超越。有研究者指出，《道德经》的内容，并不是老子的"原创"，里面有大量先秦史官积累的格言和警句。①

---

① 参见［日］高木智见：《先秦社会与思想：试论中国文化的核心》，何晓毅译，上海古籍出版社 2011 年版，第 249 页。

这种史官传统，不光要上窥天道，还要下知人道，才能说得上"究天人之际"。而人间秩序的至高者，则是"王"。长期管理周王室图籍和档案的老子，有机会看到周王室的历史档案资料，尤其是那些王室秘不示人的资料。尽管周代试图建构一种道德的政治，但基于人性之脆弱与诱惑之巨大，具体的王室政治势必会有不可告人的一面，甚至有肮脏的地方。看看历代宫廷政治的尔虞我诈、阴谋算计甚至刀光剑影，这也不难想象。作为史官，老子对于这些事情，应该是心知肚明，但不便公开明说。

然而，老子又需要有所表达。可以发现，他所讲的"道"，有时候很像"至高的王权"。比如，至高的王权是凛然乎施加于世间万物的，令人"无所逃于天地之间"，而道是独立不改、周行不殆的，万事万物也不能离开道而存在；至高的王权是孤独、冰冷的，而道是寂兮廖兮的——如果说读《论语》能让人感受到盎然的春意，那么《道德经》则时不时令人感到一股深秋的肃杀之气。更重要的是，《道德经》一上来就说"道可道，非常道"，而至高的王权的运作，恰恰是不可说得太清楚的——就算看得清楚，也不好说清楚，最好保持朦朦胧胧的状态。

当然，不能把二者简单等同。在应然的层面，老子希望至高的王权以及整个政治权力的运作，都能回归基于"天道"的那个更粹然的"道"。

(二) 回归"道"，需"无为"

可是，现实政治纷繁复杂，如何回归"道"？老子提出"无为"。

很多人读了《道德经》，看到老子讲"无为"，于是动不动说自己也要"无为"。其实，老子讲的"无为"，主要针对的是"侯王"即执政者而非普通人。作为史官，为侯王提供政治咨询，讲明白政治运行所应遵循的大道，本来就是老子的职权内工作，只不过他大概超越预期地完成了这项工作。因此，《道德经》被称作"君人南面之术"——君主的位置都是坐北朝南，以此比喻君主如何去统御臣下。

在《道德经》中，道和万物的关系，与侯王和万民的关系，具有内在的"同构性"。道不是万物，而是使万物成为万物的那个条件；侯王也不是万民，而是使万民能够形成内生性秩序的重要保障。道是无为的，而万物是有为的。如果道都有为了，那就是把自己降低到万物的层次了，那么万物就失去最高的统一性。同样，侯王应该效法"道"的精神，做到清静无为，才能从根本上保证万民的"有为"。如果侯王太有为，万民就无所适从，反倒不知怎么"为"，万民也将失去一个和谐统一的秩序。

提到"无为"，一些人望文生义，以为老子思想太消极。这绝非"无为"的本意。老子讲"无为"是"辅万物之自然而不敢为"[①]。此处所谓"自然"是"自然而然"的意思，就是万物的本然状态，不是今天所说的"自然界"。"辅"是在顺应自然的基础上因势利导。"不敢为"不是什么都不敢做，而是不敢自作主张，大包大揽。"无为"恰恰需要执政者俯下身段去明察"万物之自然"，体悟"道"

————————

① 《道德经》第六十四章。

的运行。

老子并不只是在思辨的角度来讨论"无为"的话题的。冷眼静观的老子，面对当时乱哄哄的社会，忍不住反思：老百姓为啥饿肚子？因为统治者收走了太多税。老百姓为什么不好管？因为统治者瞎折腾。老百姓为什么连死都无所谓？因为统治者太怕死。正是针对这种状况，老子强调侯王要顺应万民之自然。这就需要侯王做到"以百姓心为心"①。既然是侯王，就要摒弃一己之私心私利，立足天下、百姓的心理，去辅助他们的自然——可以帮忙，但不能添乱；可以做事，但不能胡来。尤其是不能私心自用、自私自利，不能欲望膨胀、忘乎所以——而这恰恰是当时很多诸侯和王者的通病，是当时社会陷入混乱的重要原因。

从这里可以看到，"重民本"其实是儒道两家共同的命题，只是立论时切入的角度不大一样。

（三）权力的自我节制

关于"无为"，老子讲了一个很形象的说法——"治大国若烹小鲜"②。在烹煮小鱼小虾的时候，不能翻来翻去；治理一个大国，不能胡乱折腾。一大一小，为什么内在的道理是一样的？因为系统内部的复杂性。小鱼小虾虽然个儿小，但体内该有啥都得有，反倒不好对付。大国内部有复杂的社会协作系统，一损俱损，一荣俱荣，牵一发而动全身，也由不得执政者按照一己私意去横加干涉，

---

① 《道德经》第四十九章。

② 《道德经》第六十章。

惹得社会陷入紊乱。

无为要求权力的自我节制。在老子看来，执政者手握天下国家之权柄，其欲望所带来的后果，会被政治体系放大许多倍，甚至会被别有用心的小人所利用。因此，执政者对自己的七情六欲一定要加以克制。"无为"的关键，在于侯王即统治者要主动约束自己的私心私利，尤其是要约束自己的欲望。只有这样，执政者才能"以无私成其私"——对于侯王来讲，最大的"私"就是要长久维系自己的统治，长久保有侯王的位置。而要达到这个目标，恰恰需要他们约束好自己"一时"的私欲。只有超越"一时"，才能时时相续，实现天长地久。

道家以"老庄"并称。尽管二者没有明显的师承关系，但思想上有诸多一致和相通之处。面对一个混乱的社会，作为史官的老子，站在侯王的角度，思考如何让政治秩序和社会秩序回归"道"；而身处民间的庄子，则站在个人的层面，思考个人在乱世如何通过遵循"道"来保全自己，进而立足于"道"来建构一个汪洋恣肆、潇洒自如的精神世界。庄子提出的齐物

知·识·链·接

老子和庄子的差异，从二者对"道"的使用中也能看出端倪。老子的"道"，恍兮惚兮，玄之又玄，一派高冷范儿。但到庄子（约前369—约前286）那里，却是"道在蝼蚁"、"道在稊稗"、"道在瓦甓"，到最后"道在屎溺"。虽说根本道理大差不离，但这个表述背后，也能感受到二者立论重心之不同。

和逍遥，就是要在精神上超越万物的差异，摆脱外在的束缚，获得精神的自由。

五、聚焦富国强兵的法家

和道家一样，法家并无严格组织化的学派团体。众多法家人物，分散在不同的诸侯国推动变法。其中影响最大的，当数商鞅（约前 395—前 338）。

（一）商鞅与秦孝公的四次对谈

当年，商鞅在自己的祖国魏国不受待见，于是往西跑到秦国，巴结秦孝公（前 381—前 338）的宠臣景监引荐自己。没承想一连谈了四次，才把准秦孝公的脉。[①]

第一次，商鞅讲的是"帝道"，就是尧舜的治国之道，听得秦孝公直打瞌睡。事后秦孝公怒斥景监：你推荐的是什么妄人！就知道夸夸其谈。

过了五天，商鞅厚着脸皮再次请景监推荐求见秦孝公，改讲"王道"，就是禹汤文武的治国之道，秦孝公还是听不进去。倒霉的景监事后又被骂了一次。

又过了一阵，商鞅又跑去求见，给秦孝公讲"霸道"，就是春秋五霸的治国方法。这一回，秦孝公眼睛一亮，终于来了兴趣。景

---

① 参见《史记·商君列传》。

监终于被上司一顿表扬。

商鞅心想，这回终于知道该讲啥了！第四次见面，俩人像打了鸡血，谈了好几天都不知厌倦。当时人们还是跪坐，听得如痴如醉的秦孝公情不自禁地在垫席上向前移动膝盖。

让俩人"打鸡血"的主题，叫"富国强兵"。这次谈话可谓惊天动地，后面的商鞅变法，乃至秦始皇统一六国，都是这次谈话给定的基调。

总体而言，所谓"帝道"，是号称以黄帝和老子为代表的黄老道家所倡导的，以三皇五帝为标本，崇尚无为而治；所谓"王道"主要由儒家所倡导，以夏禹、商汤、周文王和周武王为榜样，主旨是道德教化；所谓"霸道"，以春秋五霸为典型，着眼于富国强兵。

秦孝公为何舍帝道、王道而用霸道呢？因为帝道、王道见效太慢，秦孝公等不起；而霸道见效快，能够让秦孝公在短时间内称霸诸侯。这也不只是秦孝公的个人偏好。在当时诸侯攻伐、灭国不断的现实背景下，帝道和王道显得太理想主义了。怎样富国强兵，让自己的国家首先不至于被灭掉、其次还能强大起来，才是诸侯们更关注的主题，也是法家关注的重心。

（二）商鞅变法：耕战为本，严刑峻法

在法家看来，既然礼乐已经崩坏，既然道德已经沦丧，那不如寻找替代性的办法，这个办法就是"严刑峻法"。

商鞅搞的严刑峻法，差不多做到了"王子犯法与庶民同罪"。

当时太子犯法，考虑到太子是君位的继承人，不好用刑，于是就拿太子的两位老师开刀，其中一位还被脸上刺字，另一位后来再度犯事，被割了鼻子。这两位也是位高权重的贵族，下场尚且如此，其他人一看吓出一身冷汗。

对于老百姓，商鞅之法更是严苛到底。周朝本有所谓"什伍制度"。老百姓每五家互保，称为"伍"；每十家相连，称为"什"。该制度一开始主要用于户籍管理，但商鞅给秦国的什伍增加了一项功能，就是"连坐"。一家犯罪，一伍之人受牵连，一什之人必须检举揭发。如果有人揭发、有人没有揭发，那么揭发的人会受到同斩敌人首级一样的赏赐，而没揭发的则会受严厉的处罚——据说甚至会被腰斩。如果胆敢窝藏包庇，按投降敌人论罪——本人斩首，全家罚为刑徒服苦役。

所以，如果犯了罪想要逃跑，后果是全家完蛋，全伍受牵连，这代价总得掂量掂量。就算跑到别的地方，那里的什伍组织也会马上把犯罪者识别出来，因为老百姓巴不得靠告发领赏。

商鞅制定的新法还不准老百姓擅自迁居。本来，秦国和当时的西戎挨得很近，受游牧民族生活习惯的影响，很多人并不肯老实待着。为了防止老百姓频繁外出，商鞅宣布"废除逆旅"，把私营旅馆全部关闭。如果要住官方驿站，需要相应的证件。如果无证留宿，收留者和入住者都得判罪。

这一系列措施，扭转了秦人原本受游牧文明影响而形成的四处流动的生活方式，让他们牢牢地扎根在土地上。一个老实巴交的秦国农民，只要肯干活，生产的粮食、布帛比别人多到一定的数量，就可以免除徭役；如果一个农民因为游手好闲而穷困潦倒，国家不会可怜他，反倒要将其全家罚为官奴。此外，一家如果有两个以上的成年男子，必须分家，另立户头。于是，成年男子就不能在大家族的庇护下游手好闲，必须努力从事生产，国家的税源因此增加了。

为了有效激发小家庭的生产积极性，商鞅还"废井田，开阡陌"，把作为土地国有的阡陌封疆的标识去掉，从而彻底废除井田制，鼓励人们开垦荒地，并承认新开垦的土地归私人所有。为解决劳动力短缺，商鞅还招徕三晋（韩赵魏）的农民到秦国定居，政策非常优惠：提供地和房，三代免除徭役，不用参加战争。如果来垦荒的，十年内不用交纳赋税。

用连坐把农民固定在土地上，用政策鼓励农民耕种，这一系列组合拳，目的在于"富国"。农民要把收获的大量粮食交给国家。国家再用这些粮食，供给军队上前线打仗。

本来，秦国的风俗是"勇于私斗，怯于公斗"，热衷于自己人打自己人。商鞅颁布法令禁止私斗，用"军功授爵"鼓励秦人对外勇猛作战。作为战士，从战场上拎回来的敌人的人头越多，就越能加官晋爵，不仅可以享受一定数额的农户的租税，还可以享有特权。在军功授爵以前，一个人要想获得爵位，主要靠"拼爹"，靠先天的出身。军功授爵意味着，一个人后天的努力从此具有了决定性的意义。

由此，秦国军队的战斗力被大大激发出来。据说，其他国家如果碰到战事，老百姓都愁眉苦脸，很多士兵干脆逃亡跑路；秦国遇到战事，老百姓都兴高采烈，战士们更是摩拳擦掌，因为这意味着加官晋爵的机会来了。

这两项政策，合起来叫做"耕战为本"。以耕为本带来"富国"，以战为本造就"强兵"。由此，秦国在短短十几年间，从一个二流国家，一跃而成为战国强国。

（三）法家的软肋

法家本质上提供了一套强力的社会整合体制，通过一系列制度提升社会的整合程度，而这种整合必须有一个收束的基点，那就是君权。因此，如何保障和强化君权，是法家思考的核心主题。法家主要有三派：商鞅重"法"（法律），申不害（前385—前337）重"术"（政治策略），慎到（约前390—前315）重"势"（客观的权力、权威）。到法家的集大成者韩非子那里，三者被统合起来。韩非子认为，这三者都必须掌握在君主手上。对于君主而言，与其寄希望于臣下的忠诚，还不如用术察奸，使其不敢背着君主结党营私。因此，如何在群臣中造成彼此间的猜忌和不信任，反倒是君主应该留心的事情。在韩非子心目中，一个理想的君主，不仅要有洞明的心智和强韧的精神，更要有深不可测的人格。他曾说：

> 无见其所欲。君见其所欲，臣将自雕琢；君无见其意，君见其意，臣将自表异……故曰：寂乎其无位而处，漻乎莫得其所。明君无为于上，群臣竦惧乎下。[1]

---

[1] 《韩非子·主道》。

这句话的一些字句，和《道德经》的风格似乎挺像，比如"寂乎"、"漻乎"、"无为"等。韩非子可以说是最早的老子研究专家，《韩非子》书中有《解老》、《喻老》等篇目，可以说是极早的老子研究论文。老子所说的"道"，本来就与"至高的王权"很像，但老子不忘以纯粹的"道"去规范王权。到韩非子这里，道转而成为最高权力的化身。作为最高权力的载体，君主同样要做到神秘莫测、冰冷无情，才能保持权威、驾驭臣下。在这种权力结构中，君主是恩威莫测的，没人知道君主在想什么，没人知道下一刻究竟会发生什么，由此造成一种无形的恐惧，造成一种神秘莫测的"势"，成为"法"、"术"得以有效运作的保障。

一方面，法应该赏罚分明。法治之下，行为的后果可以被理性预期。另一方面，在中国这个强调世俗生活的文明中，难以找到一个超越性的信仰，作为法的终极依据。因此，法家说的法，其根据只能追到君主这一层。但是，君权本身的运行与维系，却需要保持神秘莫测，需要靠非理性、非法律的方式才能保证。这是一种深刻的吊诡。

如果考察法家人物的命运，能得善终者可谓寥寥无几。商鞅——车裂，韩非子——一杯毒酒结束性命，李斯——腰斩于咸阳市，临死前最怀念的是在老家遛狗的日子。为何这些法家人物不得善终？最根本的因素，在于法家把权力运作机制看得太明白了！君主只好请他们离开这个世界才能放心。法家虽然学老子，但学的不到家，忘了老子"道可道，非常道"[1] 的重要告诫，把本不该说得那

---

[1]　《道德经》第一章。

么清楚的最高权力的运作，说得太明白，结果弄得自己一点余地都没有。

这是法家的一个软肋——"只能谋国不能谋身"，确实能富国强兵，能巩固君权，但经常搭进法家人物的身家性命。

除了忽略"道可道，非常道"，法家还忽略了老子的另一个告诫，叫做"以百姓心为心"①，只知道维护君主的权威，无视百姓的心理感受。法家把法建构在人"趋利避害"的心理上，只利用和激发人性中幽暗的角落，忽略了人性中光明的一面。人性是多么复杂啊！用一种片面的方式，来全面管理如此复杂的人，怎么能持久呢？在法家政治之下，人被当做简单执行法令的机器，排除了道德的因素，缺乏人伦的考量。当法律失去道德的根基，反倒会被品德低劣的人利用，最终造成"劣币驱除良币"的后果。尤其是连坐制度开株连之先河，各种卑鄙无耻、卖友求荣之徒都冒出头来，沐猴而冠。表面看去，好像民风整肃，但实则挖空了道德的根基。

商鞅在第四次和秦孝公谈的时候，就已经很明白地说到："然亦难以比德于殷周矣！"②虽然秦孝公对霸道很感兴趣，商鞅也谈得很起劲，但他心里清楚法家这味猛药的"副作用"，知道如此一来，秦在道德方面必须付出代价。秦后来被人称为"虎狼之国"，一方面说明其军事实力之强大，另一方面也显示出其风俗道德之浇薄，竟与禽兽无异了。

---

① 《道德经》第四十九章。
② 《史记·商君列传》。

六、秦朝"大一统"的"四梁八柱"

在法家思想的指导下，僻处西部边缘地带的秦国，果然快速实现富国强兵。经过几代君臣的努力，竟然灭掉东方六国，建立起一个气象恢弘、超迈前代的大一统帝国，基本树立起了"大一统"的"四梁八柱"。

（一）政治"大一统"：郡县制与官僚制

郡县制并不是秦国的制度发明。按照分封制，诸侯的土地应该分封给国内的卿大夫。但是，春秋战国以来，灭人之国的事情越发普遍。对于新获得的土地，一些大国就不再分封给卿大夫，而是设置"县"，由君主派直属官员去治理，这些官员不能世袭。所谓"县"，就是"悬而不封"之意。"郡"字从"邑"，本身与行政区划有关。一开始郡的地位不如县，有所谓"克敌者，上大夫受县，下大夫受郡"的说法，因为县的基础是原来的诸侯国，处在比较繁华的内地，而郡一开始主要设置在边境地区，区域虽然大，但是人口稀少。到战国时期，随着边郡日渐繁荣，有必要在郡下面再设行政单位，就用了"县"的名称，于是郡逐渐高于县。郡县制之下，郡县长官一概由国君任免，对民众也实行一定程度的组织化管理。

与郡县制配套的更成熟的官僚制，也在春秋战国时期经历了比较漫长的演化过程。西周朝廷或各诸侯国的官制，大多由世袭贵族兼任。他们主要从封地获得收入，不需要专门的薪俸。到春秋末年，随着军事竞争的加剧，必须建构更加理性化、科层化的职业官僚队伍，才能实现大规模的人财物资源的调度，支撑起大规模的战争。因此，文官武官开始分工，下级要严格服从上级，官员由君主直接任免且不得由贵族世袭。由于财政来源的扩大，君主也有本钱支付官员的俸禄。当时，官员除了俸禄，也还有爵位，但多半是一种政治荣誉，很少分封采邑；即便有采邑，也只是享受这些地方的租税，该地的行政权仍然归君主所有。

可见，在秦朝之前，郡县制和官僚制都进行了比较广泛的“地方试点”，被证明更能够加强君主集权、提升行政效率。此时，分封制和郡县制并存。秦朝统一全国后的工作，则是用强力把郡县制这一既有的制度改革成果，更全面地推向全国，并彻底废除封建制，让郡县制和官僚制成为主导性的制度，进一步加强中央集权。

这种“升级版”的中央集权，需要一个更强有力的权力核心，这就是皇帝制度。该制度是对战国“王制”的发展。皇帝代表公共权力，独享最高的立法权、司法权、行政权、军事指挥权和祭祀权。皇权具有不被质疑的神圣性，一切国家权力都源自皇权，皇权是最后、最高的裁决者，权力不能分割也不可转让。由此，公共权力与皇权紧密结合起来。皇权若瓦解，意味着公共权力的瓦解和国家的解体，而皇权的重建则意味着公共权力和国家的重建。围绕皇帝而形成的皇帝制度，成为郡县制帝国政治制度的核心。

皇权的实施，依赖更成熟的官僚制。在中央层面，主要是三公九卿制。三公是丞相、太尉和御史大夫，分别执掌民政权、军事权和监察权。丞相下设九卿，分掌具体的行政要务，共同负责全国的各种政务。官僚制贯彻以法治国的原则，法令是政治运行的唯一标准，文书图籍、档案簿记等文本是文吏从事行政活动的基础。所有官员通过考试获得任命，凭借功绩获得升迁。

郡县制使得中央和地方之间建立起垂直化的组织系统。郡县设有专门官职，共同负责军民事务。县以下还设有乡、里、亭等基层组织。这样一来，从中央到地方，逐级建立组织，使得国家权力能够渗透到基层。正是依靠这个组织保障，秦朝建构"大一统"的各项事业，才能落到实处。

这样一个以皇权为核心、以官僚制度为中轴、以郡县制为结构的政治制度，成为后世中国古代政治的"模板"。尽管后世在具体内容上有诸多变化，但这种科层化、理性化的制度精神，这种"大一统"的政治追求，却贯穿中国古代政治之始终，维系了中华"大一统"的整体格局。

毛泽东曾作诗说"百代皆行秦政治"①，主要就是指郡县制。在封建制下，周天子缺的是"人事权"——各个诸侯国的老君主死了，新君主的具体人选，只要总体遵循宗法制、嫡长子继承制的原则就好，周天子无权过问。只有在违背宗法制原则的时候，周天子才可以出兵干涉。但平王东迁后，周天子的实力越来越衰落，想要干涉也大多有心无力。而在郡县制之下，对于地方官吏，皇帝是有绝对

---

① 毛泽东：《七律·读〈封建论〉呈郭老》。

的任免权的。早上任命下去，晚上想起来不对劲，收回成命就是，官吏们不敢说半句二话。

一句话，郡县制使得皇帝把"印把子"抓在手上，强化了同心圆结构中圆心的向心力。

（二）经济"大一统"：度量衡与货币统一

"大一统"是一个复杂的工程。如果在政治层面把人们聚合在一个框架下，但内部各个地方不能互通有无、相互往来，那么只能形成一种机械的联系，而难以达成内部的有机团结。经济"大一统"要解决的，就是如何加强经济联系的问题。只有建构起全国统一的市场，政治"大一统"才有了根。

战国时代，各诸侯国大都有自己的货币和度量衡——就是计算长度、体积和重量的单位，相互换算来换算去，交易起来非常麻烦。秦朝统一之后，把秦国的货币和度量衡推向全国。当大家用一个共同的度量衡标准，交易成本可以极大地降低，全国范围的市场网络才能有效建构起来。

（三）社会"大一统"：编户齐民

在封建制之下，一个具体的民众并不直接从属于周天子，而是从属于某一层级的封建领主。他只需要对自己所属的领主承担"纳税"的义务，方法是到井田中的公田里去劳动，公田的收入归这位领主。周天子作为领主之一，其收入主要来自"王畿"的井田。中世纪欧洲有一句话，叫做"国王只靠自己领地上的租税过活"，倒也适用于周天子。尽管周天子和诸侯之间有一些赏赐与进贡之类的经济往来，但没有固定的赋税上的联系。国君和下面的卿大夫的关系，也以此类推。

早在商鞅变法的时候，秦国就确立编户齐民的制度。在商鞅眼里，大家族是国君权力的障碍。所以，商鞅规定，只要家里有两个男丁，就必须分家，否则赋税加倍。一个村子里面的村民必须是杂姓，不能同姓聚居。所有家庭都由政府登记造册，这叫"编户"；所有人对国家的义务大致相等，这叫"齐民"。如此一来，国家掌握基本的人口以及土地归属信息，进行数据管理，税收才有基础。

秦朝统一后，"编户齐民"全面推行，整个社会得到有效的整合，中央政府也极大地提升了自己的财政汲取能力。换句话说，皇帝把"钱袋子"抓在了自己的手上。

（四）交通"大一统"：车同轨

经济的往来，依赖发达的物流网络，而道路是该网络的重要基础设施。春秋战国时期，各国留下的道路标准不一样。秦朝规定，所有的车辆，不管是皇帝的车驾，还是大夫的车驾，还是传递文书的车辆，两个车轮子之间的距离必须一模一样——六尺。否则属于违法上路，会受处罚。规定了车轮之间的距离，进而规定道路的宽度。秦朝以咸阳为中心，呈"米"字形建构了一个辐射全国的道路交通网络，为经济交流奠定了良好的物流格局。

交通对于大一统具有特殊的意义。隋朝时，面对经济重心逐渐南移的情形，隋炀帝（569—618）开始修建大运河，把中原和江南连接起来。元代继续对大运河裁弯取直，加以疏浚，对以后明清定都北京具有极重要的意义。今天，中国高速公路和高铁的里程双双世界第一，最根本的动力，就在于大一统国家各个地域之间人财物力的有效交流与融合。惟其如此，才能形成一个越来越紧密的共同体。

有专家根据考古遗迹认为，秦始皇当时建的驰道，铺有和今天铁路类似的木头轨道，能够使马车上去之后，车轮子沿着轨道飞驰，极大地提升行驶速度。

（五）文字"大一统"：书同文

秦朝以前，各个大诸侯国都有一套自己的文字系统，有些字大同小异，有些字差异不小。秦朝规定，废除六国各异的文字，以秦的小篆为标准用字，实现"书同文"。[①]

书同文在政治上的意义，是不容低估的。在封建制之下，虽然有一个统一的周天子，但诸侯们基本上各自为政，在"天下"范围内的政令传达，并不是最迫切的。但是，当郡县制在疆域如此广袤的"天下"全面推行，如何强化中央和地方的联系，就是一件非常要紧的事情。这需要保证中央和地方之间文书系统的畅通。如果秦朝皇帝从咸阳发出一道政令，到了各地还要转译成当地原来诸侯国

---

① 在现实中，出于简便实用，人们也使用其他字体，比如秦隶。

的文字，不仅行政成本太高，还容易导致地方分裂势力的抬头和反弹。而统一用秦的小篆，不仅能提高行政效率，而且能防止地方分裂。

书同文在文字上的意义，更是非常深远的。尽管经过从篆书到隶书、楷书、行书、草书等不同字体的演变，甚至经历从繁体字到简体字的

> **知·识·链·接**
>
> 今天，湖南出土的里耶秦简，总共有 36000 多枚，20 多万字，内容多是官署档案，其中有大量县府和朝廷以及其他郡县之间的往来文书，很多细节内容甚至超乎人们的想象。

演变，汉字最基本的特点仍然一直被保留至今。中国这套以象形为基础、以表意为特征的文字系统，从秦朝开始逐渐固化下来。

如果和西方拼音文字相比，这套文字系统的特点和优点是显而易见的。汉字和西方拼音文字最大的不同，在于"文字不跟着语音走"。

相比于文字，语音是极容易发生变化的。一方面，随着地理距离的增加，会有方言的形成。即便今天通讯工具如此发达，中国各地仍然有很多方言。尤其是一些南方丘陵地带，往往翻过一座山头，方言都不一样。但是没关系，只要经过三五年私塾教育的简单训练，把意思写成文字，大家大都能看懂。这就为中国人共同精神世界的形成，奠定了底层的操作系统。西方早先本来用拉丁文，至少贵族阶级还能共享同一门语言。但是后来随着民族国家兴起，各种"方言"独立成一门语言，再用拼音文字一写出来，相互之间要

想再能看懂就比较麻烦。木已成舟，再想统一语言就难于登天了。西方有所谓"巴别塔之乱"，据说上帝用变乱语言的办法使得人类不能齐心协力建造通天塔。中国人竟然通过表意的汉字系统，以大一统王朝的力量，克服了广袤地域内的交流障碍。

另一方面，随着时间的流逝，即便同一门语言，其语音也会发生较大的流变。现在的英国人，很难读懂莎士比亚（1564—1616）当时写的戏剧的原文，必须经过现代英语的转写。因为他所使用的古英语，和现代英语差别实在太大。同样，中国的语言在发展过程中也有上古音、中古音、近古音的巨大差别。但是，中国人却从小就能读三千多年前的《诗经》，读两千五百年前的《论语》，感受这个古老文明的温度与厚度，共享文明未曾断流的巨大"红利"。对于世界上绝大多数文明而言，这几乎是一件天方夜谭的事！对中华文明而言，这是保持其几千年连续性的重要支撑。秦朝固化下来的汉字，为中华民族在精神世界中修筑了一条更加经久耐用的"高速公路"。

秦朝从政治、经济、社会、交通、文化等方面，基本建构起"大一统"的"四梁八柱"。在此后的中国历史中，由于种种复杂的原因，"大一统"的格局会有遭到破坏的时候，这些四梁八柱也有散架的时候。但是，总有一种动力，让"大一统"重新确立。确立之后，按照秦朝绘制的框架和蓝图，这些"四梁八柱"很快就会重新树立，并且不断有人添砖加瓦，让这个框架和蓝图更加恢弘而精妙。

七、"推明孔氏"与文化"大一统"

秦朝"大一统"的"四梁八柱"缺少一根重要的柱子，叫做"文化'大一统'"。秦朝推行"焚书坑儒"，试图通过简单、直接、粗暴的方式来整合人们的精神世界，难以完成文化的整合，毕竟人的精神世界是如此地丰富而立体。

文化"大一统"的任务，是到汉朝才逐渐完成的。

（一）文景之治的盛世隐忧

不妨回顾一下前面讲过的诸子"上位"的过程。秦国奉行法家。法家是一剂猛药，能够指引秦国富国强兵，一统六国。但和所有的猛药一样，法家的"毒性"很大，比如前面说过的不近人情，所以陈胜（？—前208）会喊出那句"天下苦秦久矣"[1]，那是当时天下百姓共同的心声。所谓"苦"，恰恰说的就是人们在情感上对秦朝统治的反应。汉朝建立之后，运用黄老之术，注意轻徭薄赋，休养生息。不过，这个问题需要说明几句。汉文帝（前203—前157）、汉景帝（前188—前141）的时候，赋税推行"十五税一"、"三十税一"，只有3.3%—6.7%的税率，为什么赋税可以如此之低？一个重要的原因是，政府不需要收太多的税，因为大型的公共工程——覆盖全国的道路、重要的水利设施，以及保障北境安全的长城，秦朝早就修好了！换句话说，正是秦朝因为过度使用民力导

---

[1]　《史记·陈涉世家》。

致王朝垮台，汉朝才可以在此基础上做到"轻徭薄赋"，占据道德高地。

另外，汉朝初年，承接的是秦末的"大乱之后"。大乱之后，人心思定，老百姓都知道稳定、和平不容易，都希望好好种地、踏实过日子。这种情况下，政府搞"黄老之治"，崇尚"无为"，问题不大，反正老实巴交想种地的农民多得是，生事儿的刺头不多。更重要的是，大乱之后，人口在战争中锐减，所以人少地多。土地有的是，稀缺的是人。所以，用黄老之治与民休息，用轻徭薄赋鼓励生产，王朝的经济很快就能恢复，以至出现"文景之治"的盛世局面。

但是，盛世也有隐忧，因为钱多了恰恰会带来分化。在上头，不光中央政府有钱，而且各个王国也有钱，有钱意味着有兵，有兵就不太听招呼，甚至发动叛乱。中央政府奉行的又是"黄老之治"，软绵绵的"无为"或不干涉，根本管不住这些野心家，最后没办法只好被动应战，差点阴沟里翻船。在下头，经过几十年的休养生息，人口在安定和平的环境下逐渐增加，人和地的关系就调转过来，变成"人多地少"。缺的是地不是人，人就会因为争地而闹矛盾，这就是"土地兼并"。本来，大乱之后，大家都一样穷，贫富差别不大。但是，随着经济发展，富人越来越富，成为地方上的豪强，而穷人相对更穷。贫富差距越来越大，社会矛盾逐渐尖锐。在这种情况下，政府再要搞"无为"，再不积极出手干预经济和社会，那就会有地方"黑社会"来填补社会治理的真空，替豪强欺压、摆平那些贫民，成为汉朝基层社会的一大毒瘤。

（二）以人随君：用皇权整合社会

汉朝建立 70 多年，轮到第五位正式的皇帝汉武帝（前 156？—前 87）登场了。面对盛世的积弊，雄才大略的汉武帝思考的是一个更根本的问题：已经过了 70 多年了，如何还能确保大汉朝避免以前王朝覆灭的命运，实现长治久安？在某种意义上，汉武帝思考的是如何避免"其兴也忽焉，其亡也勃焉"的"历史周期律"。他向天下读书人征集问题的答案，最后和儒家的董仲舒（前 179—前 104）一拍即合。

董仲舒的方案，有四个关键词。第一个关键词是"以人随君"①。

意思不难理解，所有人都要尊重和维护皇帝的权威。更精确的表达，叫"屈民而伸君"②，把民众这一头压一压，把皇权往高抬。这个主张，汉武帝当然喜欢。但董仲舒并不只是投其所好。之所以说这句话，是基于上面所说的盛世隐忧。

"以人随君"、"屈民而伸君"意味着，那些想要造反的野心家，那些横行霸道的豪强，都得明白头顶还有一个最高统治者，叫做"皇帝"！只有强调"天下受命于天子"③，所有人都得听皇帝的号令，才能彰显皇权；只有把唯一的皇权充分彰显出来，才能弹压住千万颗蠢蠢欲动的心，才能控制住矛盾，维持住稳定。须知"民"也是有差异的，只有让少数作奸犯科的"民"规矩老实，更多的"民"

---

① 《春秋繁露·玉杯》。

② 《春秋繁露·玉杯》。

③ 《春秋繁露·为人者天》。

才能踏实种地。

有人批评汉武帝太雄才大略，太折腾，确实有事实依据；但如果单纯批评他没有延续"无为"，那不过是忽略社会发展不同状态的书生之见而已。今天，一些自由主义的盲目信徒一味主张政府减少干预，罔顾复杂的社会矛盾，同样是一偏之见而已。一句话，理想很丰满，现实很骨感。社会变动不居，得踩对点儿！这就是儒家强调的"时"。

不过，问题来了，"君"凭什么让人"随"呢？

（三）以君随天：用天道约束皇权

董仲舒方案的第二个关键词是"以君随天"[1]，又叫"天子受命于天"[2]。就是说，天子通过天而获得天命，进而获得治理天下的神圣权力。董仲舒举出古代造"王"字的逻辑，认为三横代表天地人，而"王"的意义，在于贯通天地人。或者说，天子充当着天和天下之间超级中间人的角色。天是天子权力的终极保障和神学依据——天子是天的代

知·识·链·接

古之造文者，三画而连其中，谓之王，三画者，天、地与人也，而连其中者，通其道也，取天地与人之中，以为贯而参通之，非王者，孰能当是？
（《春秋繁露·王道通三》）

---

[1] 《春秋繁露·玉杯》。
[2] 《春秋繁露·为人者天》。

言人，民的后台再硬，能硬过天么？

在这里，董仲舒在周人弱化殷商"上帝"权威的基础上，又往回走了半步，增强了"天"的神圣性。他认为，天是有意志、有情感的最高人格神，是所有神灵的君主，主宰着神灵世界和人间世界的秩序。不过，作为儒家的董仲舒对天赋予了德性，认为天作为万物的源头，以仁爱之意保障天下万物的生长化育。所以，和殷商喜怒无常的"上帝"有所不同的是，天具备仁慈、正直、无私等美好德行。

所谓"天子受命于天"，是一把双刃剑，不仅意味着天子权威的强化，更意味着天子要承担对天下的责任！这个逻辑的根据，来自于天的上述特性。既然仁慈的天是长养万物的，所以天子必须遵循相应的天道，承担起爱民、保民、教民的责任，实行仁政。因此，天子必须保持美好的德行，才配得上天命。他甚至为天子拉起了一长串德行"清单"。这个清单中，既有道家所看重的神秘莫测的一面，比如"志如死灰，形如委衣，安精养神，寂寞无为"等，更有儒家所强调的为政修身的一面，比如"谨本详始，敬小慎微"，"虚心下士，观来察往，谋于重贤，考求众人"等①。

为什么董仲舒要通过天来约束天子呢？所谓"摁下葫芦浮起瓢"，好不容易通过天子把那些作奸犯科的民给压住了，如果天子又翘尾巴该怎么办？如果所有权力都收束到天子那里，天子却私心自用怎么办？作为一个思想者，董仲舒已经看到这个当时出现端

---

① 《春秋繁露·立元神》。

倪、后世时有发生的大问题，先用"天"把皇帝管起来。

一般人认为董仲舒充当了专制帮凶的角色。实际上，他和皇权做了一个不错的"交易"：通过他的理论，用"天"来增强君主的权威，帮忙把君主抬得高高的；但是，他还要用同样的"天"来给君主套上"紧箍咒"。总体来说，董仲舒是在天子、天命和天下之间建立起"老虎棒子鸡"的关系：天子受命于天，天下受命于天子，而天命本身是护佑天下百姓的。换句话说，如果百姓难受，天是会生气的。

理论很高妙，具体怎么落实呢？天又不开口说话，于是董仲舒给出了第三个关键词——

（四）天人感应：有所不得已的"封建迷信"

对于"天人感应"，董仲舒有一些奇怪的"论证"：人有三百六十个小关节，就好像一年有三百六十天；有十二个大关节，就像一年有十二个月；人有五脏，天有五行；人有四肢，天有四时。人有喜怒哀乐，就像天有春夏秋冬。[①] 诸如此类的说法，在今天看起来确实让人很不顺眼。

这些未必是"论证"，更应该理解为董仲舒推广自己学说的"广告词"，主要是为了让人印象深刻罢了。通过这种直观类比建构起"天人相感相应"的印象后，他要说的是下面的事情：君主如果按天道实行仁政，天就"降符瑞"以示嘉奖，比如某地出现麒麟、凤

---

① 《春秋繁露·人副天数》。

凰之类；君主倘若背离天道，不实行仁政，天则会"降灾异"以示谴告，主要是地震、冰雹之类。说白了，哪怕天不会张嘴说话，董仲舒也要通过这种"封建迷信"的方式，给天一个"表达"自己意思的渠道，以便请他老人家来教训、约束自己那可能不听话的儿子——天子。

就算前面那些说法有些离谱，董仲舒操心的事儿，其实还挺靠谱。不过，为什么非要用"封建迷信"呢？

前面说过，不抬高皇权不行，下头太闹腾，离心力太大会离散共同体；抬得太高也够呛，上头太专横，向心力过大会窒息个体。不受约束的权力都会成为怪兽，会反噬其所在的共同体。如何把握其中的"度"？在当时，就算董仲舒不抬，皇权已经陡然耸立。这是郡县制天下的一个"大势"。在封建制之下，不大存在如何限制周天子权威的问题。周代尤其是东周的问题，恰恰是周天子权威衰落，诸侯们都不听周天子的。因为诸侯们要钱有钱，要人有人，兵精粮足，凭啥听只剩个名分的周天子唠叨？而在从封建到郡县的时代转型中，当汉朝"七王之乱"被平息，当"推恩令"让剩下的诸侯国继续瓦解，现实中已经逐渐没有能够和皇权匹敌的力量。于是，董仲舒只好祭出天的权威，试图用神学来压一压皇权。所谓"封建迷信"，大概是他能找到的最方便的途径了。为什么？

今天很多人说从董仲舒开始大搞阴阳五行、封建迷信。其实，所谓"封建迷信"也不是董仲舒才开始搞，而是那个时代整体的思想氛围。汉高祖刘邦为了证明自己的合法性，靠的就是"斩蛇起义"之类的"封建迷信"。董仲舒不过是在那个时代的思想氛围之下，用"封建迷信"的外壳，把儒家"仁政"的内核给包装进去了。必须承认，这种包装的副作用挺大，因为包装本身有时候也会腐蚀内核。东汉时期谶纬流行，一时间乌烟瘴气，董仲舒也难辞其咎。但首先应该看到，董仲舒的这套操作，在很长一段时间之内确实产生了积极的政治和社会效果。在那样一个艰难的情形下，这个效果已经很不容易了！

以人随君、以君随天、天人感应，这是一个环环相扣的结构，更是一种精妙的平衡。中国古代有三个具有这些象征意义的建筑。一个是故宫，原来叫紫禁城，在那里，所有臣子都要给皇帝行礼，这就是"以人随君"的呈现；一个是天坛，在那里，原本高高在上的皇帝，却要给昊天上帝的牌位行礼，甚至下跪，这意味着"以君随天"；最后一个名气没那么大，但是地位吃重，叫做"古观象台"，就是以前的"钦天监"，那背后有"天人感应"的逻辑。

（五）道德教化：以儒家"拒秦兴汉"

前面三个关键词，主要的关注点在"上头"，就是君主的层面。但是，"下头"同样很重要，就是今天讲的社会治理的问题。在讲"上头"的时候，董仲舒讲了很多"封建迷信"，似乎有阴阳家的做派。但讲"下头"时，他注重的是道德教化，这是如假包换的儒家的底子。在这方面，董仲舒和孔孟的思路并无根本区别，都主张靠教化而非刑法来养成良好的社会风俗，减少社会治理的成本。人心安定了，社会的基本盘才能稳定，长治久安才有可能。

董仲舒为什么强调道德教化？汉代初年推行黄老之治，其所崇尚的"无为"，还有另外一层含义，就是"因循"，在制度上不做大的改动。所以，汉初在政治上"汉承秦制"，继续沿用秦朝的主要制度，而"秦制"是"有毒"的。比如，汉文帝时小女子缇萦（约前174—?），为救被诬陷的父亲，上书汉文帝，抨击肉刑的弊端，汉朝才废除了承袭自秦朝的肉刑。这反过来说明秦制在当时被大范围保留。因此，如何"拒秦兴汉"，成为一个重要的时代课题。这需要"更化"，就是改变治国理政的指导思想。董仲舒给汉武帝的方案，是改变严苛的刑法，用道德教化进行社会治理，如此反倒会收到更好的效果。

董仲舒认为，社会教化需要组织依托，因此学校就非常重要。他建议设立太学以及各级学校，因为太学是培养贤士的地方，而贤士是社会教化的承担者。问题在于，汉初黄老政治的"无为"，在思想意识形态方面放任自流，各种思想在太学中都有传承，不仅缺乏一个主流的意识形态，还缺乏用正能量去引导和教化老百姓的士人。为了确立儒家思想的指导地位，进而培养出教化百姓的合格士人，董仲舒提出一个方案，原文叫做"推明孔氏"、"抑黜百家"[1]。

所谓"抑黜百家"，并不是要把诸子百家赶尽杀绝，只是在当时的最高学府太学中，不给他们设立博士，相当于取消学科建制了。但是，他们仍然可以在民间自由授徒，搞搞民办教育，朝廷并不会横加干涉。

所谓"推明孔氏"，并不是全社会只留下一个儒家思想，而是

---

[1] 《汉书·董仲舒传》。

以儒家为政府的指导思想，在太学中只设立儒家的博士，给予他们最完整的学科建制和科研经费，用制度和财政大力扶持儒家的发展。不过，诸子百家的思想，也未必在太学中就销声匿迹了。因为思想是不断交融互鉴的，董仲舒时代的儒家，和先秦的孔孟不同，已经融合了道家、法家、墨家、阴阳家、名家等主要流派的有益成分，成为一种综合性更强的思想，只是在内核上仍然尊重孔孟的仁政、德治等主张。这是在讲"推明孔氏"时，还要看到的一个层面。

（六）伦理纲常与"风化之美"

今人多以儒家为专制之帮凶，但深入历史，会发现二者关系极其复杂：既有"相爱"的一面——儒家论证皇权的合法性或合德性，皇权为儒家提供体制的支持；也有"相杀"的一面——儒家想尽办法约束专制权力的过度膨胀，而皇权也会压制儒家反抗专制的内容。

元代学者曹元用（1268—1330）总结说，如果不靠帝王主导的政治的保障，孔子的教化不能广泛传播；如果没有孔子倡导的教化的作用，帝王主导的政治难以养成良好的社会风俗。如果教化不能广泛传播，并不会对大道有所损害；但如果政治方面缺乏良好的社会风俗，必定会对国家造成危害。

养成良好的社会风俗，是儒家的重要功能。儒学被确立为意识形态上的主导思想后，如何进一步走向社会？如何形成"核心价值观"，让人们易懂易学？汉代的做法是对民众进行道德教化，建构起一套促使上下有序的伦理纲常。这套伦理纲常的重点，并不是后世所理解的对民众的压制，而是妥善处理家国共同体内部的各种关系，为关系中的双方赋予道德义务，保证在上位者承担更大的责任，保证在下位者以大局为重并享有基本的尊严。一句话，大家都要从家国共同体的大局出发，去把握、调整各个关系的"度"，防止某一方"过度"。

从董仲舒开始，经过儒者、社会和朝廷的共同努力，儒家的道德教化逐渐浸润整个社会。司马光曾感叹"自三代既亡，风化之美，未有若东汉之盛者也"，正是这种道德教化的功效。

秦朝缺的那根"文化大一统"的柱子，终于被汉朝补齐。

小　结

一

东周时代，随着周平王的东迁，周天子的权威一落千丈。当人伦亲情因为世代演进而稀薄，礼乐文明逐渐崩溃，宗法制运转失灵。弑君犯上、灭人之国的事情不断上演。"弑君"意味着宗法制的衰落，"亡国"意味着封建制的动摇。政治上层建筑的剧烈变动，背后是经济基础方面"井田制"的瓦解、私田的大量开垦。随之而来的赋税方式的剧变，充实了君主的"钱袋子"，为君主扩充"笔杆子"和"刀把子"提供了财政基础。之前以人口为支撑点的城邦，让位于以土地为支撑点的"王制"国家，各诸侯国集权程度大幅度提升。它们相互之间竞争的结果，是战争规模和烈度的升级。农耕文明赖以维系的和平稳定的外部环境遭到严重破坏，民众的生活动荡不安。

面对"礼坏乐崩"、"大争之世"，先秦诸子大多在思考一个核心问题：如何"定于一"？他们都肯定"大一统"的基本价值，都在思考如何结束乱世，重建稳定、统一的政治秩序。

墨家着眼于"下头"，主要代表下层手工业者的立场，认为社会混乱的根源在于人们"不相爱"，于是针锋相对地提出"兼爱"的核心主张，倡导一种"平等之爱"。但是，这种理想化的主张，在现实中却难以普遍地落实，且容易造成孟子所批评的"无父"的问题，没有顾及到人伦亲情。兼爱缺乏人心上的根基，只好诉诸外在的天和鬼作为其保障。不过，墨家在组织建设方面的经验，却对秦朝"大一统"国家的建构具有重要的参考价值。和墨家相比，道家的老子更加注重"上头"的问题，希望用"道"来规范君主。作为史官的老子，从悠久的史官传统中提炼出最根本的"道"，希望侯王能够遵循"道"，泯灭内心的欲望，通过"无为"来塑造清净的政治，结束乱世的纷扰，回归小国寡民的宁静。但是，在文明已经高度发展的情形下，要想再回到低度开发的状态，未免是一厢情愿。不过，"无为"的思想，却能在大乱之后需要休养生息的时候，发挥重要的作用，成为一种过渡性的方案。法家由道家转出，干脆站在当时君主的立场，用法术势强化君主的权威，用严刑峻法强力实现社会整合。但是，法家忘记了老子"道可道非常道"的告诫，把君权运作的机制说得太明白，因此"只能谋国不能谋身"。法家还忘记了老子"以百姓心为心"的教诲，以不近人情的政治让老百姓疲于奔命。法家不啻一剂猛药，但是副作用太大——能够让秦国一统六国，也能够让秦朝二世而亡。

就对周代礼乐文明的态度而言，墨家认为礼乐奢侈浪费，道家认为礼乐不过是道德失落之后等而下之的次优选项，法家索性要用刑法取代他们认为无用的礼乐。相比之下，只有儒家在"礼坏乐崩"的现实面前，仍然选择继承礼乐文明的传统，并且为礼乐文明赋予"仁"的精神内核。儒家希望人们把"爱"一步步往外推，既立足家庭和家族之情，又超越家庭和家族之私，由家而国而天下。这种"差等之爱"具有人伦亲情的源头活水。儒家培育了一大批具有道德情怀的士人，成为传承儒家之道的中坚力量。儒家还确立起用历史审判君主的传统，在后世发挥着制约皇权的重要作用。儒家虽然不能在乱世快速实现拨乱反正，但因其立足人之常情，所以反倒能经受历史的检验，成为长久地影响中国历史的主流学派。儒家立足于"常"，故而能"长"。

二

在现实的历史中，法家指导秦国快速实现富国强兵，建立起一个规模宏阔的大一统帝国，也为"大一统"搭建了四梁八柱：第一根支柱叫"政治'大一统'",以郡县制和官僚制为基石;第二根支柱叫"经济'大一统'",以统一货币、度量衡为基石;第三根支柱叫"社会'大一统'",以编户齐民为基石;第四根支柱叫"交通'大一统'",基石是"车同轨";第五根支柱叫"文字'大一统'",基石是"书同文"。其中,郡县制是最核心的内容。以皇权为核心、以官僚制为中轴、以郡县制为结构的政治制度,成为后世中国古代政治的"模板"。与相对松散的封建制相比,郡县制在中央和地方之间建立起垂直的、专业化的官僚体系,央地关系更加紧密,极大地提升了"大一统"的制度效能。秦朝建构的框架,成为后世"大一统"重建时的重要蓝图。

但是,秦朝的框架缺乏一根重要的支柱,就是"文化'大一统'"。这个历史遗留任务,是由汉朝完成的。汉武帝采纳董仲舒的方案,通过以人随君、以君随天、天人感应以及道德教化,一方面强化皇权,另一方面彰显天对皇权的制约。通过"推明孔氏","抑黜百家",儒家在太学中取得主导地位,进而在道德教化中发挥了积极的作用。经过董仲舒等汉代儒者和社会的努力,儒家以伦理纲常为"核心价值观",逐渐浸润了整个社会。"文化'大一统'"这根支柱,由此立起来。

经过各家各派长期的互动,一方面,中国在思想领域形成"儒道互补"的格局:就治国指导思想而言,黄老道家在王朝初建时能发挥"休养生息"的作用,而儒家在王朝社会经济恢复后能实现整合社会的功能;就个体精神世界而言,道家通过庄子成为个体明哲保身的智慧,与儒家积极进取的精神相互配合,让个体在庙堂之高与江湖之远之间能够进退自如。

另一方面，中国在政治上形成"儒法合流"的趋势。儒家倡导的道德教化和法家倡导的严刑峻法，往往交互使用。毕竟人性非常复杂，既有善端也有恶念。面对人性中的恶，诉诸刑罚是一条现实路径。但是，中国人更愿意相信的还是"人性善"，希望通过道德教化鼓励人弃恶扬善，做个好人。汉宣帝（前91—前48）曾说："汉家自有制度，本以霸王道杂之。"[①]霸道对应于法家，王道对应于儒家。二者相互配合，就叫做"儒法合流"或"外儒内法"、"阳儒阴法"。毕竟，治国理政是一件高度复杂的事情，现实政治有太多复杂的考量。

儒法合流意味着，相比于之前周代版本的"大一统"，秦汉版本的"大一统"具有了比礼和乐更有效的维系纽带：一个是法家提供的制度，主要进行政治整合；另一个是儒家提供的道德，主要着眼于文化整合。二者一"硬"一"软"，相互配合，相得益彰，中国的"同心圆"结构才能更加牢固。

三

比较同一时期的秦汉帝国和罗马帝国，更能把握秦汉帝国的特点。

一方面，罗马帝国的政治整合不如秦汉帝国。罗马帝国实行行省制，也是一种央地的结构。可是，罗马帝国的行省机构设置太过

---

① 《汉书·元帝纪》。

简单：总督是最高长官，下面有一些财务官、副将、执行吏等，其复杂程度远不能和秦汉帝国的郡县相比。① 在行省一级以下，罗马帝国没有设立行政机构，只是与当地原有势力签订条约，取得合作，以宗主国的地位，依赖驻军来控制属地。② 有的属地只需向罗马缴纳当地资源，自身依然拥有相当大的自主权，原有的统治阶层基本保持着原有的地位，没有受到很大影响。这种殖民地和宗主国上层之间的结合，使罗马帝国成为一个松弛的复合体，内部的整合性远不能和实行郡县制的秦汉帝国相比。③

另一方面，罗马帝国的文化整合也不如秦汉帝国。罗马以军事力量控制庞大帝国，并不存心以教化来浸润社会，建立核心价值观。于是，各地的故有文化，以及承载这些故有文化的知识分子，都各行其是。因为不能用文化来整合社会，罗马帝国只能依靠武力控制各个地区。但武力是一把双刃剑。时间一长，分戍各地的罗马军团，亲近自己利益所在的戍地，对宗邦故国的忠诚度就打了折扣。一些地方的强藩，时常率领军队打回首都争夺皇位，甚至有一年出了四个皇帝的情形。罗马帝国长期未能摆脱军人专政的痼疾。另外，罗马帝国的拉丁文为拼音文字，帝国与属地的上层阶级，都能读拉丁文，一般不识文字的基层百姓，仍持其故有语言，拉丁文

也就不能成为教化工具。[1] 相比之下，秦朝做到了"书同文"，汉朝不仅通过儒家对皇权进行强化和约束，还顺应社会结构的变化，让儒学在基层一步步扎根。

与秦汉帝国相比，罗马帝国缺乏有效的政治和文化整合手段，过度依赖武力进行统治，在秩序的稳定性、文明的凝聚力上都不如秦汉帝国（尤其是汉帝国），严格来说只是联合体而不是统一体。罗马帝国解体之后，欧洲及中东、北非裂解为多文化、多族群的列国体制，再也不能回到罗马帝国建构的大一统格局。[2] 相比之下，中国的"大一统"经历过有效的政治整合与文化整合，具有深厚的文化根基，即使出现一时的分裂，但仍然能够回归大一统的格局。

从分裂重新统一，正好是从魏晋南北朝到隋唐的历史状况。

---

[1]　参见许倬云：《万古江河：中国历史文化的转折与开展》，湖南人民出版社 2017 年版，第 162—163 页。

[2]　参见许倬云：《万古江河：中国历史文化的转折与开展》，湖南人民出版社 2017 年版，第 165 页。

第 四 章

唐宋之变：从豪族到平民

日本学者内藤湖南（1866—1934）在 1910 年抛出一个著名的观点："唐代是中世纪的结束，而宋代则是近世的开始。"[1] 明显把唐宋作为一个转折点。陈寅恪（1890—1969）说"华夏民族之文化，历数千载之演进，造极于赵宋之世"[2]，把宋代作为中国历史的一个重要节点。唐代诗人刘禹锡（772—842）那句"旧时王谢堂前燕，飞入寻常百姓家"，先声夺人地道出了"唐宋之变"的实质，就是从豪族社会到平民社会的转变。

一、豪族社会与大分裂时代

"草蛇灰线，伏脉千里"。要探寻豪族社会的兴起，需要把笔触再一次伸向更久远的年代。

---

[1]　［日］内藤湖南：《概括的唐宋时代观》，载刘俊文主编：《日本学者研究中国史论著选译》，中华书局 1992 年版，第 10 页。

[2]　陈寅恪：《陈寅恪集·金明馆丛稿二编》，生活·读书·新知三联书店 2001 年版，第 277 页。

（一）从编户齐民到豪族兴起

周代的封建制在社会结构上一开始是"小国寡民"，人们主要生活在部落或者氏族共同体中。周王朝就像一个大袋子，装着许多小袋子，小袋子里面还套着更小的袋子。大一些的袋子自己装着一些土豆，还套着一些小袋子，每个袋子里都装着一些土豆。这些土豆，就是一个一个的部落或氏族共同体，具有比较大的独立性。毕竟当时生产和交通、通讯等技术不发达，生活比较简单，相互依存的程度也不算太高。周的王权，就是最大的袋子，一层一层的袋子，就是诸侯、卿、大夫、士之类。这就是封建制的政治架构。土豆在一层层的袋子里装着，外面有个大袋子罩着，相互之间有一个基本的共同秩序。

问题在于，人口会增加，技术会进步，生产会发展。一旦土豆随着时间的流逝不断长个儿，袋子就容易被撑破。周天子的那个大袋子，在西周时代还能撑住，但到东周，周天子权威衰落，大袋子越来越薄，眼看就要撑破了。这当口，春秋五霸出来了，主动对这大袋子被撑破的洞进行修补，勉强维持一个基本秩序。到了战国时代，这大袋子的破洞实在太大太多，眼见着修补不过来，于是底下那些个头比较大的"中袋子"干脆不要这大袋子了。它们先通过一系列经济、政治和文化的举措，把自己里面包裹的那些小袋子给撕破，把自己这个"中袋子"弄得更加皮实。接着，它们把袋子里的土豆们，都打成土豆泥。它们还把别的袋子也抢过来，把里面的土豆也打成土豆泥，让自己的袋子越来越大。这个过程就是"编户齐民"。最后，最厉害的那个"中袋子"，把所有的中袋子、小袋子一股脑撕掉，把所有土豆打成土豆泥，把自己变成一个更大、更皮实的袋子，这就是秦始皇统一天下。

秦朝的郡县制，通过"编户齐民"防止土豆泥"再土豆化"，更要防止各种中小袋子的复辟。这些制度基本上被汉朝继承下来。相比周代，秦汉朝廷直接掌握的户口更多，税基更大。并且，民间要想组织反抗，由于没有大宗族的纽带，组织成本会更高。更重要的是，封建制下的城邦部落或氏族小共同体的生活，逐渐被打破，人们从此更加普遍地在不同地域之间迁徙流动，各个地区逐渐形成更密切的联系。

但是，过了一段时间，那些被打散的土豆泥，又慢慢地自己"坨"成团了。这就是汉代中期豪族的兴起。从编户齐民到豪族归来，原因何在？

汉代有一块画像石砖，名字叫"二牛抬杠"——两头牛，脖子上抬着"杠"，杠的中点连着后面的铁犁，被农夫驱赶着耕田。据目前的出土文物显示，这种大型铁铧普遍长、宽25—30厘米，高8—10厘米，一副大型犁铧往往需要两头以上耕牛拉动。我国的牛耕据说出现于春秋晚期，但技术的推广和进步有一个过程。这种大型铁铧，要等到汉代前期才得到比较广泛的运用。不过，在当时的技术条件下，"谁来用"成为一个问题。当代学者柳春藩综合《汉书》、《居延汉简》等相关文献资料，替汉代的自耕农家庭专门算过一笔细账：用一年的收入刨去支出，余钱所剩无几。在西汉的技术条件下，由于大型铁器的技术成本居高不下，这种先进农具不是一般的自耕农家庭所能够装备得起的。谁能买得起呢？汉代初年，朝廷推崇黄老道家的无为而治，除了一大帮农民埋头种田，还有一部分人从事工商业，乘着"无为而治"的东风发家致富。但是，当时毕竟是以农业为主导产业，剩余资本势必投资到农业当中。于是，靠工商业先富起来的这帮人，不仅买田买地成为大地主，而且投资这种先进农具，提高生产效率，降低人力成本，在农产品市场上获得比较优势。他们还招募一些在人头税压力下生活窘迫的农民作为佃农，并进行更为妥善的人力资源配置，逐渐形成豪族的庄园。

就税收制度而言，按田亩收税是一种理想的方式。可是，在当时的技术和人力条件限制之下，很难大规模丈量全国土地面积并登记造册，所以很难全面征收土地税。于是，汉代"舍地而税人"，主要征收人头税。如果像汉代初年那样，大家都一样穷，征收人头税问题不大。但是，随着经济发展、贫富分化，再按照人头交税，富人和穷人交得一样多，显然就不公平了。对穷人来讲，还不如"躲进"豪族的庄园，索性当个"黑户"，把户口隐匿起来，给富人交点租子，反倒比给国家交的人头税要少得多。

于是，豪族的庄园不断做大。根据《汉书》等资料的记载，有些大型的庄园，良田千顷，牛羊成群，里面小桥流水、景色优美，还设有相互交易的市场，甚至还有自己的私家军队。俨然一个个独立王国。好不容易打掉的封建制，竟然又"名不正言不顺"地回潮了！

（二）面对豪族"肿瘤"的不同"治疗方案"

郡县制帝国希望"一竿子插到底"，但豪族横亘在朝廷和百姓之间，使得这一竿子插了一半就插不动了。面对豪族这个大一统政治的"肿瘤"，皇权自然不愿意坐以待毙。汉武帝曾经任用酷吏对一些势力强大的豪族进行肉体消灭，或者强制性地搬迁一些豪族去守皇陵。一番"放疗"、"化疗"下来，结果豪族却是"野火烧不尽，春风吹又生"。王莽篡位后，曾经发布一纸命令，宣布全国土地收归为"王田"，试图在国有化之后平均分给每家每户。但这个在当时太超前的方案，导致豪族的联合反抗，王莽旋即败亡。

"放疗"、"化疗"不顶事，一纸法令坏了事，豪族社会的格局岿然不动。王莽的奇葩牌路，最后换来的却是刘秀（前5—57）上台，建立东汉。

起自平民、上过太学的刘秀，在吸取上述历史教训的基础上，转而采用"自然疗法"。他鼓励豪族子弟学习儒家经典，再通过察举制把豪族子弟收到体制内，给他们一条光明正大的出路。刘秀规定，要想进入官僚体系，不仅要学习儒家经典，还要学习文法吏术，熟悉政治事务。这使得儒学的理想主义色彩逐渐减退，执政集团逐渐出现"吏服雅驯，儒通文法"的面貌。此时，"儒法合流"才在操作层面基本完成。新的执政集团同时具有学术和政务两种职能，一个成熟的"士大夫"阶层由此诞生。在一般印象中，很多人把豪族理解为"土豪"，似乎天然地奢侈腐化，败坏社会风气。但是，历史纷繁复杂。那些进入体制做官的豪族子弟，之所以被称为

"士族"，正是因为他们表现出非常醇厚的"士风"。东汉的"风化之美"，恰恰离不开这些士族出身的读书人在社会道德教化方面作出的积极贡献。刘秀努力用文化的力量、体制的吸引力去化解对立面，甚至在相当长的时间内把"肿瘤"变作一个"良性的器官"。

（三）豪族之弊：全面把控社会资源

随着时间的推移，豪族社会的弊端越来越显现出来。

从汉武帝"推明孔氏"开始，儒家经典成为选择官员的重要依据。不过，儒家经典是要有载体的。连纸张都要等到东汉才被蔡伦实质性地加以改进，且长期未能普及，印刷术就更遥远了。当时，绢帛毕竟太贵，书主要是靠人工手抄在竹简上。且识字的人又不多，人力成本就居高不下。书籍太贵，一般家庭很难买得起。不过，对豪族而言，买书并不难，请人来教书也不是难事。《三字经》里还有"人遗子，金满籝。我教子，惟一经"的话。确实，在印刷术普及以前，书籍是可以作为一种稀缺的"文化资本"传之后代的。在朝廷文化政策的导向下，一代一代豪族子弟研究儒家的学问，一些豪族之家形成"累世经学"的局面。

豪族子弟接受教育之后，最大的出口是做官。汉朝实行的察举制度，明面上科目有孝廉、秀才、明经、明法、贤良方正、直言极谏、孝悌力田等，好像也有相对客观的标准。但是，问题出在察举的方式上。察举就是推荐，由谁推荐呢？谁熟悉情况谁来推荐。于是，地方官成为推荐者，负责向中央政府推荐优秀人才。可是，当社会总体上演化成豪族社会，一个孤零零的地方官，要想在一个地方施展得开，必须依靠当地的豪族。他还需要靠豪族提供的好处，来弥补豪族社会背景下中央财政萎缩导致的俸禄缺口。另外，当时的"群众评价"即"乡里清议"也逐渐把持在豪族手中，舆论总体上偏向豪族子弟。慢慢地，地方官推荐上去的人，大部分是豪族子弟，于是豪族逐渐成为官僚队伍的主流。

随着时间的流逝，豪族一代一代地做官，到后来一些家族竟然出现"累世公卿"的现象。东汉末年，袁绍（？—202）所属的汝南袁氏，杨修（175—219）所属的弘农杨氏，都有所谓"四世三公"的说法。

经济层面的庄园经济，文化层面的"累世经学"，再加上政治层面的"累世公卿"，甚至还有军事层面的私人武装，导致盘根错节的豪族，最终全面掌控着各方面的社会资源。最麻烦的是，豪族控制着人才选拔的渠道，堵塞了寒族和平民的社会流动渠道，让官位在豪族集团内部"自循环"。在这种情况下，中央政府如何施展得开拳脚？

东汉末年"四世三公"的另一面，就是地方割据，皇权式微。可怜的汉献帝，沦为"挟天子以令诸侯"的一个筹码。堂堂的天子，最后竟然被曹操挟持到自己的地盘许昌，成为不折不扣的傀儡。当此之际，改朝换代只是时间问题。

（四）九品官人法：未能成功的制度改革

历史风云际会，寒族出身的曹操（155—220）迅速崛起，其子曹丕（187—226）竟然建立魏朝。面对豪族割据，曹魏也想破局，突破口就是人才选拔方式的改革，这就是"九品官人法"——人们耳熟能详的"九品中正制"，只是后世对这一制度的称呼。今天看九品官人法，觉得好像该制度从头到尾就是维护士族贵族利益的，但这远非历史之真实。实际上，九品官人法原本试图改革汉代察举制度的弊端。

察举制演变到东汉后期，不论是地方官的考察，还是乡里清议对人才的品评，都被豪族盘根错节的人际关系所腐蚀。豪族之间结成朋党，互相吹捧圈内子弟，评价浮华不实，使得被选者人非其材。而九品官人法的初衷，就是要把选人用人的权力，从地方官手上收归中央，并且通过标准化的考评来削弱门第的影响。在实施方法上，选拔人才不再由地方官举荐，而是由更专业的"中正"来负责。各州设立大中正官，各郡设立小中正官。这些中正都由现任中央政府官员兼任，朝廷希望由此保证中央政府对人才选拔的直接控制。大小中正有被称作"访员"的属员，专门负责搜集"群众评价"。中央政府分发一种"人才调查表"，按上中下两相配合，共分为九个品级。品级结果出来后，最终呈交吏部，作为官吏升迁和罢黜的依据。这个制度一开始是有很多积极意义的，解决了选拔官吏无标准的问题，把豪族名士把持的所谓"群众评价"收归政府，评价体系更"科学"了。

但是，九品官人法很快被腐蚀。本来，当时评议人物的标准有三个，分别是家世、道德和才能。当时，充当中正官的一般是二品官，其他二品官还有参与中正官推举的权力。但是，在当时豪族社会的背景下，获得二品的官员几乎全部来自豪族，尤其是顶级的豪族。皇权本来想从豪族手上收回选人用人的权力，奈何整个朝廷的高官已经全面豪族化。这些盘踞朝廷、世代做官的顶级豪族又被称作"门阀士族"。察举制下，选人用人权力被地方豪族把持。通过九品官人法，中央政府确实把选人用人权力从地方夺回来了，但很快又被顶级豪族拿走了。取代曹魏建立晋朝的司马氏，本来就是世家豪族势力的代表。这样一来，连皇权都被豪族占据了。于是，在人才品评的过程中，道德和才能的标准逐渐虚化，家世则越来越重要，甚至成为主要标准。后来，九品官人法变成"唯血统论"，门第高的就获得高品，进而做高官。这样一来，只需要区别士庶身份就够了，九品官人法逐渐变成例行公事而已。原本期望"中正"，最终落得个"不中不正"，这就是人们熟知的"上品无寒门，下品无势族"①的由来。

于是，选上来的人才质量难以保证。加上当时玄学盛行，朝堂上下都崇尚"清谈"，执政集团的治理能力甚至治理意愿就得大打折扣。作为豪族代表的皇室，也围绕皇位争斗不止，引发"八王之乱"，令西晋元气大伤。南下的北方少数民族趁乱起兵，西晋覆亡。

当年，琅琊王氏出身、位列三公却成天在朝堂上信口雌黄的王衍（256—311），被南下少数民族将领石勒（274—338）逮捕。在被石勒杀害前，王衍感叹：我们这帮人虽然不如古人，倘使之前不崇尚浮华虚夸，而是发奋努力去匡扶天下，也不至于走到这步田地。这是"清谈误国"的一个典型。这帮靠"拼爹"上位的豪族名

---

① 《晋书·刘毅传》。

士，根本没办法担纲"大一统"的重任，西晋真正统一的时间只有短短的二十多年。[①] 前有三国，后有东晋南北朝。西晋的统一，在大分裂的时代犹如昙花一现。

（五）几个世纪的大分裂

西晋亡了，豪族势力还在。一帮豪族跑到江南，在同属于琅琊王氏的王导（276—339）的带领下，扶持司马睿（276—323）建立了东晋。司马睿本来是离司马家正根很远的一个旁支，原本没资格做皇帝，孰料被天大的馅饼砸中。据说，在登基大典上，司马睿突然下来拉王导的手，邀请他同坐御床。尽管王导最终坚决推辞，但司马睿这番惊人的举动，反映出东晋立国的政治格局：司马睿就剩个血统，朝廷的主要班底都是老王家的。这叫做"王与马共天下"。"马"指的是皇帝的司马家，竟然只排第二位，作为臣子的老王家竟然排第一！这导致东晋政治的一大特征，叫做"门阀政治"。初期掌权的是琅琊王氏，此后有颍川庾氏、谯郡桓氏等豪族，依然是庾、桓等豪族与马"共天下"，司马家不过是"万年老二"而已。

不过，这些门阀为什么不取司马氏而代之呢？因为各大门阀差不多势均力敌，谁出头谁是众矢之的，不如闷声发大财，得其实而遗其名，把有血统优势的司马家奉为吉祥物，大家相安无事。

---

① 一般认为西晋统一时间有 37 年。西晋在 280 年灭东吴实现统一，317 年灭亡，正好 37 年。不过，304 年，巴族人李雄（274—334）和匈奴人刘渊（？—310）趁着西晋八王之乱，分别在巴蜀建立成国（成汉）、在中原建立汉赵，开启所谓"十六国"的时代。二人分别于 306 年和 308 年称帝，西晋的统一已然被打破。

知·识·链·接

如果说西晋自武帝以来，士族名士是司马氏皇权（包括强王权力）的装饰品，那么东晋司马氏皇权则是门阀政治的装饰品；西晋尚属皇权政治，东晋则已演变为门阀政治。①

"王与马共天下"一语最大的漏洞，是"天下"二字。因为东晋只占有半壁江山，北边的中原被南下的少数民族占据，整个"大一统"遭到严重的破坏。北方游牧民族初到中原，一方面成分芜杂，谁也不服谁；另一方面统治方式比较落后，无法维持长期的稳定，于是北方乱成一锅粥，政权像走马灯一样频繁更换，这就是所谓的"十六国"。十六国持续一百多年，中间只有前秦统一北方短短数年。后来，统一北方的北魏很快又分裂为东魏和西魏，继而北齐取代东魏，北周取代西魏，北方再度分裂。过了二十多年，北周才灭北齐统一北方。

接着说南方。虽然有了皇帝，但门阀士族之间为了上位，还是内斗不止，甚至发生叛乱。门阀士族内部无法持续产生足够的军政人才，寒族出身的刘裕（363—422）在平叛中趁势崛起，最终取代东晋建立刘宋，南朝开始。前后经历宋齐梁陈四朝，基本上是寒族出身的军事将领不断抄作业，篡位上台。南朝时期，在皇权的有意控制下，门阀士族在政治上逐渐失势，但在经济和社会方面仍然保持着不容小觑的影响力。

---

① 田余庆：《东晋门阀政治》，万卷出版公司 2011 年版，第 216 页。

在北方，隋取代北周，并在 589 年灭掉南方的陈朝，重建大一统格局。如果从 220 年三国时代算起（西晋统一实在太短，且有八王之乱），大分裂的时代，竟然持续了 369 年。就算从 317 年西晋灭亡算起，大分裂的时间也有 272 年。

持续两三百年的大分裂，其实是豪族社会的伴生物。豪族要保护的是自身的局部利益，于是中央集权的郡县制国家治理体系逐渐失灵，不能"一竿子插到底"，治理能力就打了折扣。中原豪族各自为政、彼此相争的结果，是无法组成强有力的国家力量，去抵御南下游牧民族的军事力量，最终只好往南撤退，勉强自保。南下游牧民族因为彼此相争，且面临和北方汉人的矛盾，也无法灭掉南迁的汉人政权，于是双方以江淮为界大致形成力量平衡。这种分裂的局面，遂得以延续几百年的时间。随着社会的演进，一些要素发生了变化，这种力量均衡才最终被打破。

二、隋唐"大一统"的重建

著名学者陈寅恪曾下过一个断语：

> 李唐一族之所以崛兴，盖取塞外野蛮精悍之血，注入中原文化颓废之躯，旧染既除，新机重启，扩大恢张，遂能别创空前之世局。①

这个判断，大概对隋朝也是适用的。其中的关键点，是"塞外

---

① 陈寅恪：《金明馆丛稿二编》，生活·读书·新知三联书店 2001 年版，第 344 页。

野蛮精悍之血"对"空前之世局"的重要意义。这个"空前之世局"，就是隋唐所缔造的、气象超迈秦汉的大一统格局。

（一）"野蛮精悍之血"的注入

隋唐皇族原本是南下少数民族与中原汉人长期融合的结果，其少数民族血统甚至超过汉族血统。来自北方草原的少数民族文化，对于大一统格局的重塑有着重要意义。

"质胜文则野，文胜质则史，文质彬彬，然后君子。"[①]孔子的这句话，虽然针对的是个人气质的养成，但对一个文明而言，又何尝不是如此！在那个大分裂的时代，来自北方草原的少数民族的文化，更偏重"质"的一端，保留了人类质朴的激情；南方农耕区原来的汉人文化，更偏重"文"的一端，日益走向精巧的形式。前者的弊端，在于原始带来的野蛮；后者的弊端，则在于老成带来的保守。当少数民族初入中原，原有的"野蛮"一面，造成彼此争斗不止，社会动荡不安。而农耕区的文明，在退守江南之后，日益腐朽衰败，缺乏文明的活力。

随着时间的推移，北方日益走向民族之间的交流与融合。不光少数民族之间如此，少数民族和汉人也如此。比如，前秦皇帝苻坚（338—385）重用寒族汉人王猛（325—375），并按照其建议采用儒家礼仪和中原官制。北魏道武帝（371—409）吸取之前胡人政权的成败经验，最终统一北方，并吸收未曾南渡的中原汉人豪族进入政

---

① 《论语·雍也》。

府。正是在初期民族交融的基础上，乃有北魏孝文帝（467—499）的汉化改革——虽说是"汉化"，本质上是草原文明和农耕文明的融合。只有二者融合，才能做到"文质彬彬"，让新的文明既能约束野蛮，又能克服僵化；既能充满活力，又能张弛有度。更具有根本意义的是不同民族彼此的通婚。交往既久，通婚几代下来，你中有我、我中有你，大家成了一家人，原有的民族界限，逐渐趋于消泯。以民族为界限的争斗，逐渐失去必要性。而当北方不同民族彼此都能通婚的时候，南方的高门大姓，却严格坚持"士庶不婚"的原则。尽管同属汉人，却因为彼此阶层不同，而禁止通婚。^① 在北方民族的隔阂不是问题，在南方阶层的划分反倒要紧。早在周代就有的"同姓不婚"背后有生物学上的道理和政治上的考量，门阀士族的"士庶不婚"实在是开历史之倒车了。

（二）合力为王：重塑"大一统"

在北方，北魏分裂为东魏和西魏，实际控制者分别是鲜卑化的汉人高欢（496—547）和汉化的鲜卑人宇文泰（507—556）。占据关中、陇西的西魏，实力远不及占有华北平原和淮河流域的东魏，以及处在江南的南朝梁。正是这种巨大劣势，倒逼迫宇文泰把"统战"发挥得恰到好处。为了团结各方势力，他借着《周礼》六军的

---

① 东晋灭亡后，皇族司马楚之（390—464）投奔北魏，迎娶鲜卑女子河内公主，生下汉、鲜卑混血儿司马金龙（？—484）。而南齐时，门阀世家的王源把女儿嫁给富阳满氏，却被同样出身门阀的大学者沈约（441—513）上奏弹劾，说此事骇人听闻，请皇帝把王源禁锢终身。

名义，结合鲜卑部酋长制，设置八柱国①，下面还逐级设有大将军、开府、仪同。每个柱国互不统属，独立开府统军。这类似于"军事股份制"。"股东"都是哪些人？北魏皇族就算被架空了，也得有一位代表；当年随宇文泰的老东家一起入主关中的老部将，是宇文泰的基本盘；关中、陇西本地的豪族，有数量可观的私人武装，以前宇文泰看不上眼，现如今捉襟见肘得征用，也得给那些有名望的人封官许愿，而柱国就是当时最大的官，位在三公之上；最后，来自敌人的起义将领也得适当照顾。就这样，各个方面的积极性被调动起来，尤其是鲜卑贵族与关陇汉人豪族实现联合，大家一损俱损，一荣俱荣，结成一种"命运共同体"，西魏、北周及隋唐时期叱咤风云的"关陇集团"由此形成。那些来自草原的军事贵族，在这个过程中慢慢转化为当地声望显赫的豪族世家。

柱国系统的基石，则是宇文泰创立的府兵制度。府兵的兵源来自中等以上人家，当兵是他们自己获取功名的途径，无需也没有强迫，地位比平民要高，可以授田但不用交租税。主将对于部属，从血缘关系上说是宗长（士兵改为主官的鲜卑姓氏），从部落关系上说是酋长，从军队关系上说是长官。北周的府兵为自己而战，且训练有素，官兵团结，积极性很高。加上柱国系统的组织优势，府兵制在当时极具活力，后来为隋唐继承。相比之下，南朝沿用的是古老的世兵制。受制于社会等级和门第观念，世兵的主要来源，主要是地位低下的私兵、部曲、降卒和罪犯，是比平民地位低、近似于

---

① 其中，宇文泰是柱国之首，地位超然，皇族元欣（？—554）只是挂名，所以实际军队是六军。

奴隶的一拨人，他们因家属被扣为人质，被迫世代当兵。他们既要承担兵役，还要承担田租。由于被迫当兵，待遇极差，所以南朝的世兵大量逃亡，军队军心涣散，战斗力较差。

　　没有对比就没有伤害。西魏及其继承者北周，通过一系列举措形成一股强大的"向心力"，而旁边的东魏及其继承者北齐，则在数代昏君暴君的奇葩统治下内部残杀，离心离德，把一手好牌打得稀烂。南朝则受制于门阀士族"各自为政"的社会结构，各有各的小算盘，于是朝廷不能一致对外，虽有一些英雄人物如祖逖（266—321）、桓温（312—373）、刘裕等人不断北伐，甚至兵锋直指长安、洛阳，"气吞万里如虎"，奈何这帮业已在封闭血统中衰朽的门阀士族，只满足于偏安一隅的眼前利益，内斗内行外斗外行，弄得英雄们经常是前方打仗，后院起火，只好草草收场，先回去保命要紧，于是把抢回来的好牌又匆匆丢掉。

　　确实，合力为王。起自多元文化交汇的大兴安岭的鲜卑族，在"统战"方面颇具特长。先是北魏孝文帝改革，实行鼓励民族交融的政策，虽然短时间内确有反复，但长远来看其功至伟。此后西魏权臣宇文泰用灵活的手段搞"统一战线"，把各民族、各阶层的力量有效统合在一起，对后世影响至深。宇文泰本身是上柱国之首，执掌西魏朝政，其子建立北周，竟然成功实现"逆袭"，灭掉东边的北齐；上柱国杨忠（507—568）的儿子杨坚（541—604），后来取代北周建立隋朝，只花两个月就灭掉了南方的陈朝，重新实现"大一统"，并开创"开皇盛世"；唐高祖李渊（566—635），则是上柱国李虎（？—551）的孙子，而大唐更是中国人盛世的不灭记忆。

可以说，宇文泰的一系列举措，奠定了隋唐统一及盛世的制度和组织基础。

唐太宗（598 或 599—649）曾说："自古皆贵中华，贱夷狄，朕独爱之如一。"[1] 唐太宗及后来的一些唐朝皇帝，被少数民族尊为"天可汗"，成为"塞外"和"中原"结合的一个重要象征。而中国的文化，正是在大唐迎来最大气恢宏、开放包容的高光时刻。不光化及塞外，而且吸引很多外国人来大唐求学、贸易或生活。据说唐德宗（742—805）时期长安"胡客"竟有四千多人。优秀的外国人，一样到朝廷当官，甚至做到宰相。

中原文化的"颓废之躯"，被注入塞外的"野蛮精悍之血"，终于重新焕发出蓬勃的生机。

三、科举制度与平民社会的来临

一提起科举制度，很多人脑子中自动会浮现"八股文"、"禁锢思想"的印象，会想起"范进中举"的滑稽。实际上，创设于隋唐的科举制度，具有极其重要的意义。

（一）尾大不掉的豪族

隋文帝杨坚，曾经开创开皇盛世，却单单畏惧皇后独孤伽罗（544—602），曾为此发出"吾贵为天子，不得自由"的浩叹。究其

---

[1] 《资治通鉴·唐纪》。

原因，在于独孤皇后身后的势力。独孤皇后的父亲独孤信（502—557）是关陇集团的重要军事将领，独孤家族和关陇集团的其他家族相互联姻，关系盘根错节。隋朝之所以能够建立，与关陇集团的支持有莫大关系。独孤皇后的母亲家属于清河崔氏，那是中原地区从汉朝就开始发达的、绵延几百年的门阀士族，更是树大根深。隋文帝在名义上贵为天子，如果离开这些豪族的支持，可能什么都不是。

唐太宗李世民以善于纳谏而闻名。李世民确实虚怀若谷，但还有一个背景同样值得注意。那些给他提意见的唐朝大臣，和此后朝代的大臣不大一样。他们大多是豪族世家出身，有自己的地盘，甚至有私人武装，相互之间还有盘根错节的关系。唐太宗如果不重视他们的意见，贞观之治也无法实现。

唐太宗曾命令大臣编写一本《氏族志》，相当于给各个大姓做一个排行榜。初稿交上来，唐太宗勃然大怒，因为排在第一等的，不是皇帝的老李家，竟然是博陵崔氏——属于当时的山东豪族，和清河崔氏源出一脉。唐太宗生气，后果倒也不严重，仅仅是让这大臣重新修改。第二稿呈上来，按照"圣意"，皇族老李家第一等，长孙皇后家第二等，但第三等还是博陵崔氏。后面跟着，还是那些世家大族。后来，武则天（624—705）当政时期，由于她自己出身寒微，要拔高自己的身份，于是以时任官职的高低作为姓氏等级的标准，编了一本《姓氏录》。不仅当时五品以上职事官得以录入，就是兵卒中以军功获五品以上勋官者也谱中有名，而旧士族未在当朝任五品以上官的均被摒弃于外。自然，武则天家被列入一等。《姓氏录》颁布后，舆论哗然，许多士族将其称作"勋格"，反倒以被录入为耻。

隋唐时期有"山东士族尚婚娅，江左士族尚人物，关中士族尚冠冕，代北士族尚贵戚"①的说法。清河崔氏曾因嫌弃唐皇室的胡人血统，而拒绝迎娶大唐公主。唐文宗（809—840）曾想为皇太子求娶宰相的女儿，宰相却立马把女儿嫁给崔家，尽管当时那崔家公子不过是个九品官。惹得唐文宗直言道：老李家两百年的天子，难道比不上崔家？

虽然隋唐时代"大一统"已经在政治层面建立起来，但在社会层面，豪族的势力仍然尾大不掉，势必对皇权造成诸多不便，甚至是威胁。此前一些皇帝也曾想办法解决豪族的问题，但总体效果不甚理想。如前面所言，汉武帝和王莽靠对抗，豪族此起彼伏，不能解决问题；光武帝靠笼络，很长时间有效，但不能根本解决。

（二）科举制：瓦解豪族的妙法

在隋唐之前，豪族之所以能"豪"，一个重要的原因，在于他们把持了选人用人的渠道。不管是察举制，还是九品官人法，不管是靠"群众评价"，还是朝廷发"调查表"，都有很大的操作空间。群众评价？没问题，豪族也是群众，还管着好多群众。调查表？也好办，给负责填表的意思意思，或者干脆把他们变成自己人。当然，不是说这些制度一开始就不行——靠它们还是选了不少优秀的人才，而是说实行一阵子之后，容易被豪族钻了空子。一来二去，

---

① 朱绍侯主编：《中国古代史》（中册），福建人民出版社1980年版，第189页。

制度就成了摆设，豪族子弟乌泱乌泱地到朝廷做官，放眼望去，一大半都是豪族的人。皇帝怎么施展拳脚，去对付豪族？

办法是有的，那就是往官僚队伍里一点一点"掺沙子"，靠官僚去对付豪族。这是一个古老的思路。春秋的时候，诸侯王用过；秦汉的时候，皇帝也用过。

沙子怎么掺法？不管是察举制，还是九品官人法，最大的问题在于，朝廷主要委托第三者来评价人才，对被考核者的直接考核不够。而科举制度则是直接给被考者出题，谁分数高谁上，而不是间接地靠他人的评价。这些被考核者，不需要家世的门槛，不必非得由公卿大臣或州郡长官特别推荐。豪族子弟可以参加考试，寒族子弟也可以，甚至平民也行。每个读书人，不论出身、贫富，只要书读得好，肚子里真有料，来考就是。在竞争中胜出，就可以参与国家的治理。这就为老百姓指了一条明路，规范了民间文化资本投资的方向。

不过，科举制度也不是平地起高楼，而是对于前代人才选拔方式的合理要素的继承和创新。汉代"推明孔氏"以来，儒学已经浸润了全国各地的基础教育，渗透到社会各个阶层。这保证了大规模的人才供给，是科举制度得以实行的底层条件。而汉代的察举制，已经有一定的文字考试因素。魏晋南北朝的九品官人法，也日益重视文字考试。尤其是南北朝已经有分科别类的考试，只是不占主导地位而已。正是在历代制度创新累积的基础上，到隋唐，新的大一统帝国可以创设全国性、标准化的书面考试。这种考试完全由全新的大一统帝国的中央政府掌控，不受豪族利益集团所左右。

当年，唐太宗曾暗中站在端门观看，见新科进士一个个鱼贯而出，心中大喜道："天下英雄，入吾彀中矣！"[①] 所谓"彀中"，就是箭所能射到的范围，指的是朝廷的体制。这句话的潜台词是说，科举制度能够把天下的人才都纳入"体制"之中，成为大一统国家的积极要素。否则，把这帮人都挤压在底层，一方面国家没有可用之人；另一方面他们迟早会冒头，甚至会跑到地方豪族那里和朝廷唱对台戏。现在，这帮人"入彀"，就可以为皇权所用了。

设身处地想一下不难明白：一个寒族或平民出身的读书人，在豪族扎堆的朝廷里，本来没什么根基，于是皇权成为他唯一的依靠。现如今皇帝想削弱豪族，正好是交投名状的机会，还不赶紧代表皇帝和豪族作斗争！唐代有所谓的"牛李党争"，主要就是进士集团和豪族官僚的斗争。即便一个人是豪族出身，在科举制度逐渐营造的文化氛围中，要想理直气壮、扬眉吐气地当官，最好也参加科举考试，用实力证明自己。就算作为豪族成员，一旦考试得中，也得感谢皇恩浩荡。皇帝要削弱豪族，此人在选边站队的时候多少得掂量掂量，至少和豪族划清一点界限。正是在科举制度及其他因素的综合作用下，初唐时期最为显赫的那些世家大族，到中唐时期地位已经急剧下降。

（三）豪族社会的终结

科举制度更重要的历史意义，在于增加了朝廷选拔出优秀人

---

① 《唐摭言》卷十。

才的可能性。在魏晋南北朝，选人用人逐渐在豪族内部"自循环"，而豪族的人口基数少，优秀人才的绝对数量也就少，但他们所占的名额又太多，就很难保证选上来的都是真正优秀的人才。而尸位素餐、名不副实者越多，吏治就越来越败坏。人才资源的枯竭，是导致当时国家治理能力不断下降的重要原因。科举制度的伟大意义，在于全面向寒族开放并最终向平民开放，扩大了人才选拔的人口基数。当朝廷真正面向广土众民选拔人才，获得真正的优秀人才的概率就会变得更大。

隋唐时代的科举，一开始还只是辅助性的人才选拔方式，和"门荫"——靠"拼爹"做官并存，但人们的入仕观念已经逐渐在变化。唐宗室子弟李洞，因为老是考不中，曾赋诗说："公道此时如不得，昭陵恸哭一生休"[1]。贵为宗室，还因考不及格而哭哭啼啼，足见科举在士人心中之分量。

到宋代，科举考试获得更充分的发展。平民子弟吕蒙正（944—1011）少年时代非常贫穷，白天在寺庙里面"借读"，晚上到破窑里住宿，衣不遮体食不果腹，最终却通过科举考试状元及第，成为宋真宗（968—1022）的老师、宋代第一位平民宰相。范仲淹（989—1052）少年时代也很穷，在寺庙读书，每天一碗稀粥冷却后划成四块，早晚各两块配上盐拌韭菜末，留下"划粥断齑"的典故，后来同样通过科举做官，一路做到参知政事（副宰相）。

当时不少读书人穷得吃不饱穿不暖，但不妨碍他们有书读，那

---

① 李洞：《策夜帘前献诗》。

么他们读的书从何而来？

这得益于纸张和印刷术的普及。南北朝时期，纸张逐渐获得使用，但成本较高。基于生产的商业化，宋代纸张成本下降。宋代印刷儒家经典已经成为一门专门的商业活动。书籍的成本进一步下降，知识的传播就更加普及，读得起书的平民百姓越来越多。[①] 因此，宋代皇帝更有条件从大规模的平民中选拔人才，充实官僚队伍。吕蒙正和范仲淹的事迹，不可能发生在门阀士族统治的魏晋南北朝时期，即便在唐朝也非常罕见。然而在宋代已经不是个案了。

正是在宋代，在科举制度的影响下，加上安史之乱等因素的综合作用，平民社会逐渐来临，豪族社会宣告终结。从豪族到平民，社会结构经历千年的演进，到宋代开花结果，影响以迄于今。

（四）"士大夫与君主共治天下"

在科举制度的作用下，宋代开始逐渐形成"士大夫与君主共治天下"的格局，这与之前所谓"王与马共天下"有本质的区别：老王家以及其他掌权的门阀士族，子孙世代做官，于是官位逐渐固化，社会缺乏垂直流动；在宋代严格的科举制度下，与君主"共治天下"的士大夫，却是高度流动的。因为此时考试就是考试，特别冷酷无情，不管家庭出身。纵然是大家族，也没法保证子孙世世代代都能考出好成绩。这样一来，政治权力就难以被世代为官的大家族所垄断。

---

① 参见施展：《枢纽：3000 年的中国》，广西师范大学出版社 2018 年版，第203—204 页。

在古代社会，官位是稀缺的资源，一方面关系治国理政的效能，另一方面也维系着一个家族的荣辱兴衰。当科举考试足够严格和客观，"上品无寒门，下品无势族"的局面就会被彻底打破，个人的天赋与努力就比门第出身更具有实际的意义。此时，拼的再不是"爹"，而是自己的真本事。著名历史学家钱穆（1895—1990）之所以认为宋以下是纯粹的平民社会，就是因为科举制度保障了社会的垂直流动，以往世家大族垄断官位的情形不复存在，而科举出身的士大夫成为治国理政的主要担纲者。因为世家大族无法保证子孙世代考中做官，所以他们的家族通常骤盛忽衰，很难像以前那样形成延续好几百年的门阀士族。尽管元朝和清朝的少数民族贵族是特权阶层，但只占人口的极少比例；尽管社会上还有一定程度的世袭现象，但已经不占主导。整个社会，总体上已经走在一条平民化的历史轨道上。如果说九品官人法和豪族社会息息相关，那么科举制度可以说和平民社会互为表里。

对于科举制度，利玛窦评价说：

> 只有取得博士或硕士学位的人才能参与国家的政府工作；由于大臣们和皇帝本人的关怀，这类的候选人并不缺乏。因此被委任公职的人对于职务要靠经过考验的知识、审慎和干练来加以巩固，不管他是第一次任职还是在政治生活的活动中已经很有经验。[①]

利玛窦很中肯地指出，中国的制度并非尽善尽美，但科举制度

① ［意］利玛窦、［比］金尼阁：《利玛窦中国札记》（上册），何高济、王遵仲、李申译，商务印书馆、中国旅游出版社2017年版，第82页。

保证政治权力掌握在知识阶层手中,类似于柏拉图在《理想国》中设想的"哲学家治理"。正是在科举制度的作用下,那些科举出身的士大夫一方面感怀"皇恩浩荡",另一方面以儒学所涵养的家国天下的情怀,积极主动地担纲治理责任。

南宋的普通官员方庭实(? —1150),也敢于对皇帝直言:"天下者,中国之天下,祖宗之天下,群臣、万姓、三军之天下,非陛下之天下!"① 对于这一"天下",士人都有一份深切的关怀和发自内心的责任感。宋代有范仲淹"先天下之忧而忧,后天下之乐而乐"的抱负,明代有于谦(1398—1457)"烈火焚身浑不怕,要留清白在人间"的勇气,清代有林则徐(1785—1850)"苟利国家生死以,岂因祸福趋避之"的追求。

对普通百姓而言,科举考试意义同样重大。有了科举考试,中国的普通农民子弟,在"三十亩地一头牛,老婆孩子热炕头"的古老梦想之外,还多了一个梦想,叫做"朝为田舍郎,暮登天子堂"。

今天我国实行在很多方面和科举制度有类似之处的高考制度。这一制度,依然发挥着保障社会流动的重要功能,成为维系社会公平的一块"压舱石"。

四、佛教中国化的漫长历程

要理解唐宋之变,涉及精神世界的复杂演进,而佛教是一个绕

---

① 《宋史纪事本末》卷七二。

不过去的要素。

（一）精神世界的转向

佛教起自印度，在汉代传入中原地区。一开始，佛教依附在道教里面，主要靠神仙方术发展信众。反正道教里面神仙也不少，多几个佛教的神灵也不碍事，老百姓不会也不想分清楚。到魏晋时代，佛教借着玄学获得了较大的发展。而玄学之所以兴起，有诸多复杂社会动因的共同作用。

一方面，当时儒学逐渐走到死胡同。东汉光武帝刘秀虽然是刘姓，但离皇室正根太远，于是靠"封建迷信"来增加自己的合法性。立为官学的儒学，只好在神学化的道路上一路狂奔，完全违背"子不语怪力乱神"的儒学传统。另外，博士们在寻章摘句中讨生活，经书中的两三个字，动辄用十几万字来解释。孔孟那里活泼泼的儒学，到东汉后期逐渐失去生命力。

另一方面，人们关注的重心转向个体存在。东汉末年，宦官和外戚交替专权，魏晋南北朝更是天下大乱。士人们就算想效忠朝廷，朝廷自己却变来变去。一方面叛乱不断，另一方面南下少数民族起兵自立，建立割据政权。"大一统"被战火打破，士人们逐渐把关注的目光，转向一个以个体为中心的精神世界，索性在超脱中获得满足或麻醉。待到南渡之后，门阀士族借一偏之地暂时安顿。在当时豪族社会的背景下，他们享有特权，养尊处优，不屑于操心具体事务，就更有转向内在精神境界的条件。

当人们把关注的目光转向个体存在，当时已经神学化、教条化的儒学，显然是无力提供思想资源的。于是，在汉初曾经风光、但被汉武帝给压下来的道家，又一次成为一股激浊扬清的滚滚源泉。所谓"儒道互补"，有时候真像接力赛，你方唱罢我登场。此时，人们尊奉的道家代表人物，已经从"黄老"转向"老庄"，从治国理政的"无为"，转向精神世界的"虚静"。黄帝是古代的圣王，庄子是追求个人逍遥的隐者，老子则是二者之间的"公约数"。偶像的变化，背后是思想的转向。

以老庄为思想资源，玄学家们争论了好些问题。比如，世界到底是生于无，还是生于有？名教和自然，也就是伦理规范和人的本性，到底是什么关系？语言能否把人心里的想法表达干净，有没有"言外之意"？这些争论极大地拓展了中国哲学的深度，但争到极处，老庄提供的思想资源就不那么够了。

这当口，佛教的"般若学"及时卡位。

（二）般若学：出世间的智慧

在佛教中，源自梵语的"般若"相当于"智慧"的意思。中文中的智慧，原本意味着"世事洞明，人情练达"。但在佛教看来，这还只是一种世间的智慧，而般若则是一种出世间的智慧。何谓"出世间"？

和儒家以积极、正面的眼光看待世俗生活不同，佛教以悲悯的眼光看待人间，看到的主要是"苦海无边"——这大概和当时印度在种姓制度下，占人口大多数的下等种姓的生存状况有关。面对无尽的苦难，佛教在寻求解脱的道路。这个道路，也和先秦诸子的思考不同。先秦诸子面对当时的礼坏乐崩、生灵涂炭，思考的是如何重建统一的政治和社会秩序，进而保障人们生活的稳定。至于个体正常的生老病死，那是该老天爷管的事，只能顺其自然。这主要是一种"共同体"的、外在保障的思路。而佛教走的是一条个体的、内在超脱的思路——既然外在的苦难无法改变，尤其是生老病死本是人生常态，那么能改变的，只能是人们看待苦难的眼光；既然此岸世界的苦难无法改变，那么至少可以把希望寄托在死后的彼岸世界——在那个世界里，没有生老病死，没有无边苦海，只有好看的景象、好听的音乐，令人心旷神怡。

所谓"般若"，特指这样一套让人离苦得乐、从此岸到达彼岸的智慧。如果成功到达彼岸世界，那就是成佛了，那种境界就叫"涅槃"——这也是一个梵语词的音译。

在佛教看来，人们之所以因为苦难而感到痛苦，是因为内心的"执着"。执着就是"拿得起，放不下"——"执"是把某物拿起来，"着"是此物附着在人的心灵上，造成痛苦。因此，要想离苦得乐，关键是破除人们内心的执着。如何破除？佛教认为，人们所执着的对象是"空"的——"空"不是什么都没有，而是说，所有的事物都是因缘和合而成，以其他的事物为条件才能存在。条件变了，事物也会变。因此，没有永恒存在的事物。并且，当人们领会到这种条件性，就能明白，即便抽掉时间的要素，事物就其本质而言，在每一个当下都没有"自性"，就是没有自己的独立性。这样一种特性，就叫做"空"。用英语来说，佛教的"空"，并不是 nothing，而是指 conditional。既然人们执着的对象，哪怕是让人感到痛苦的生老病死，本身都没有独立性，都是"空"的，那么又何必执着于此、横生痛苦呢？这还没完，佛教还进一步告诉人们，那个执着的主体——我自己，本身也是"空"的。因为人也是五蕴聚合而成——人的视觉、感受、想法、行为、意识聚合在一起，让人有"人之为人"的体验，这些要素也都有自己的"条件性"。既然这些条件没了，人就没了，又何必执着于一个"我"呢？这样一来，佛教把执着的主体和客体都看成"空"的，那还有什么好痛苦的呢？因此，要想离苦得乐，就得学习这种"空"的智慧。般若学讲的"空"非常彻底，甚至认为佛法本身也是"空"的，也不能执着于佛法。

　　严格说来，玄学和佛教般若学，在根柢上颇为不同。玄学是要在当时纷扰的现实世界之外，寻找一个超脱的精神境界。为了给这个精神境界寻找依据，玄学家们跑去论证世界的本原到底是"有"还是"无"，并且倾向于"无"的还占了上风。说到底，玄学的根子还是扎在此岸的世俗世界。相比之下，佛教更看重的是死后的彼岸世界，而此岸的世俗世界并没有第一位的重要性。尽管如此，二者仍然有太多的相通之处。玄学所讲的"无"，重心并不在"什么都没有"，而是强调任何具体的"有"都源自于无限的、否定的限定，这种"无"没有任何形象，不能用任何感官去把握。佛教的"空"，强调的也是对事物的独立性的否定。相比之下，儒家却是从"肯定"处立论——肯定现世生活的"有"。因此，就"否定"的层面而言，相对于儒学所崇尚的"有"，玄学和般若学足以引为同道。并且，佛教的"空"，背后还有一大套曲折幽深的复杂道理，足以让玄学家们眼前一亮。

般若学不仅提供了与玄学类似的精神境界，而且新意迭出，为玄学旧义提供了颇有启发意义的补充。因此，当时玄学家把佛教名僧引为座上宾，而般若学者也正好依附在作为时髦潮流的玄学身上，实现佛教的"借壳上市"。由于对般若学的消化吸收也有一个过程，僧侣们并没有一上来就讲"空"，而是借用有"无"、"本末"、"体用"等一大堆玄学术语来解释和谈论般若思想，而且还在言谈举止中模仿玄学名士的风度，煽动玄学之风。二者"金风玉露一相逢"，不光玄学更加玄乎，而且般若学也大放异彩，一时间呈现出"六家七宗"的蓬勃局面。由于当时佛经翻译还不够发达，有些重要经典一时间还没被引进，所以这几个小宗派对般若学的"空"的理解，在正牌般若学看来都不靠谱、不彻底。但恰恰是这种不彻底，这种理解的分歧所带来的张力，让它们得以和玄学相互鼓荡。

（三）"死后问题"的凸显

待到正牌的般若学在东晋十六国时代由来自西域的高僧鸠摩罗什（344—413）传到中国内地，彻底讲"空"的般若学本身反倒逐渐偃旗息鼓，佛教另外一支学说——涅槃学又开始兴起了。这个转变，与当时的社会背景息息相关。

整个魏晋南北朝，除了西晋短暂的统一，基本上都处在大分裂的时代。与分裂相伴随的，是战争、毁灭、灾祸与死亡。为了支撑战争、求得政权的生存，统治集团只好向老百姓横征暴敛。在这样的时代背景下，社会底层生活在水深火热之中，在现实中看不到出路。上层贵族在一些时段能维持不错的生活水平，但这种生活因为混乱的时局而变得不可持续。

当人们随时遭受死亡的威胁,"死后上哪去"就成为关注焦点。安顿好死后的世界,才能勉强活得踏实一点。

对于这个问题,儒家的回答是"未知生,焉知死",悬置了"死后世界"的问题。在儒家看来,一个人死了,子子孙孙还活着;在他前面,还有一代一代的祖先曾经活过。他不过是人伦链条中的一个环节,把这个环节的事情做好就行。活着的时候,好好侍奉父母、祭祀祖先,死了之后,子孙也会祭祀他。让子孙替他继续活着,个体生命自然可以获得一种无限的意义。但是,如果战乱频仍,连祭祀他的子子孙孙,都不一定能保住性命,又上哪去讨这份祭祀呢?道教面对生命的有限性,追求个体生命的长生不老,或者羽化成仙,但这个目标对一般人而言毕竟难度太大。道教只是想把现实的存在继续延长,可这种延长毕竟不能达到一种无限的地步。总之,在面对死后归宿的问题上,注重现世生活的中国原有文明,尚难提供一个满意的答案。如果在大一统的治世,这个问题还不太突出,毕竟现世生活还有盼头。当"大一统"崩溃,生活的根基风雨飘摇,这个根本的问题就凸显出来了。

精神生活的需求侧飙升,思想的供给侧一时间跟不上。当此之际,佛教照例及时卡位。这次卡位的是"涅槃学"。

(四)涅槃学:对彼岸的坚定承诺

关于死后世界的问题,原本是佛教的专业。但是,光靠当时的般若学还不够。从下层来说,玄之又玄的般若学,已经超出了普通人的理解能力。从上层来说，般若学和玄学的结合，固然能让贵族士人在高谈阔论中逃避现实，但般若学那种彻底否定的虚无主义倾向，并不能为他们提供一个坚实的信仰。如果一切皆空，那么彼岸世界是否也"空"？解脱后的涅槃境界，是否也"空"？这也空那也空，费劲学佛做什么？尽管般若学的"空"和世俗理解的"无"并不是一回事，但一般人哪里分得那么清楚？

对于般若学的这些麻烦，当时一些心思敏锐的高僧已经觉察出来。随着涅槃学经典的传入和翻译，这一问题逐渐得到解决。上文说过，涅槃就是解脱的意思。理解涅槃学，可以抓住以下两个问题。第一，彼岸世界是空的吗？涅槃学并没有完全否定般若学，但是把"空"的适用范围缩小到此岸世界或者说现象世界，而解脱后到达的彼岸世界，并非是各种条件的聚合，因此是不空的，这就是佛经所说的"泥洹不灭，佛有真我"[1]（"泥洹"是"涅槃"的另一种音译）。由此，般若学和涅槃学也实现了有机的融合，奠定了后世中国佛教的基本理论框架。第二，既然彼岸世界不空，值得期待，那么人们凭什么到达那里呢？凭的并不是外在的力量，恰恰是每个人内在本来具有的、能够解脱并成佛的那种本性。今天人们耳熟能详的"一切众生皆有佛性"、"有佛性者皆当作佛"[2]之类的经文，在当时却是石破天惊。一些权宜性的佛经，里面有一些不究竟的说法。比如，这些佛经指出那些生性特别顽劣、无可救药的人不能成佛。但涅槃学认为，即便这样的人，内在的佛性也丝毫不会减少。

---

[1] 释慧叡《喻疑》所概括的《大般涅槃经》主旨。

[2] 续法录注《阿弥陀经略注》所概括的涅槃经文。

一句话，佛性面前人人平等。佛教所空的，只是流转于生死中的
"我"，而不是"佛性我"。

这两个道理一亮出来，佛教很快得到了更多人的认可。为
什么？

通过解决第一个问题，涅槃学为苦难中的人们描绘了一个坚
实的彼岸世界，而不是般若学那种空蒙虚无的所在；涅槃学带给人
们的是炽烈的希望，而不是无助和无望。由此，佛教本身也带给人
们全新的震撼力和诱惑力。在那个动荡不安的乱世，佛教凭借这
一彼岸世界的承诺，俘获了万千人心——现实世界实在太苦？没关
系，别灰心，只要好好修行，死后还有一个实实在在的彼岸世界等
着！死后上那待着，超脱六道轮回，再也不用到这混乱的世界来受
苦了！

通过解决第二个问题，涅槃学为每一个人开放了到达那个彼岸
世界的入场券。这个入场券，不会因为人们在此岸世俗世界的富贵
贫贱而有所区别。它并不仰仗别人的赏赐，而是掌握在每个人自己
手中。在那样一个门第森严的豪族社会中，涅槃学为身处严重不平
等现实中的人们，提供了终极的心灵慰藉。这种"一切众生皆有佛
性"的伟大思想，与儒家同样伟大的"人人皆可为尧舜"的思想遥
相呼应。正是因为中国思想世界中有后者做铺垫，前者才能迅速在
中华大地上落地生根。

（五）从佛性到心性

接下来的问题是，佛性如何彰显？这就离不开心灵对自身本

具的佛性的觉悟。本来，中国哲学中就有一种心性论的潮流。儒家的孟子把"人性善"作为道德行为的终极依据，而道家则强调回归人的自然之性。这种思潮与佛教涅槃学相互激荡，于是从竺道生开始，南北朝的一些佛教派别逐渐转向关于心性问题的讨论。在心性上做功夫去觉悟佛性，而不是通过般若智慧去把握"空"，成为获得解脱的首选方案。体证般若智慧，需要发动理性思维，甚至需要复杂的概念辨析；而觉悟佛性，则需要超越具体的语言外壳，转而靠直觉与顿悟，获得某种不可言说的神秘体验，这背后则离不开对心性问题的探讨。

到南朝梁，《大乘起信论》译出，奠定佛教心性论的基本格局。该论认为，人们共有的心性，才是求得解脱的根本。这颗心既有觉悟的一面，纯洁清净；也有迷妄的一面，欲望纠缠。这叫做"一心开二门"——心就像在两扇门里面转来转去，一会儿清醒觉悟，一会儿难耐诱惑。而要建立对大乘佛法的信心，就要相信自己的心，而不是其他因素，才是解脱的依据。而能否达到解脱，在于用心修行的程度。由此，中国佛教实现从佛性论到心性论的转折。《大乘起信论》对隋唐佛教的主要宗派——天台宗、华严宗、禅宗、净土宗都产生了深远的影响。这些佛教宗派，一时间蔚然大观，风头竟然盖过中国本土的儒道两家。唐代禅宗六祖惠能（638—713），明确强调"明心见性"、"顿悟成佛"，把对佛理的顿悟变成对自心的顿悟，把对佛法的皈依变成对自性的皈依，更是在心性论方面走到一种极致的状态。

五、宋代理学与平民社会

在社会结构从豪族社会演进到平民社会的同时，儒学也呈现出与汉代经学截然不同的新面貌，发展出宋明理学。要理解宋明理学的兴起，还得从佛教的挑战讲起。

（一）佛教的强势挑战

经过大分裂时代几百年的发展，到隋唐再次大一统的时代，佛教彻底在中华大地生根发芽，茁壮成长，丰富了中华文明的内涵，这是一件值得肯定的事情。在亚洲版图上的两大文明板块，中华文明与印度文明，经过汉唐社会近 800 年的冲突与融合，最终在中国社会结出丰硕的果实，惠及整个东亚社会，这是世界文明史上的大事。[①] 不过，在隋唐时代，佛教太过兴盛也引发一些人的忧虑，因为"儒门淡薄，收拾不住，皆归释氏焉"，[②] 读书人大都跑去学佛教了，儒门冷落不堪。

原因何在？

当年，孔子那天分颇高的弟子子贡曾感叹："夫子之文章，可得而闻也。夫子之言性与天道，不可得而闻也。"[③] 孔子很少讨论人性与天道之类形而上的问题。孔子不讨论，在当时有他的道理，毕

---

① 参见杨平主持：《中华文明通论》，中央社会主义学院统一战线高端智库课题（课题报告编号：ZK20160310），第八讲"佛教的中国化"。

② 大慧宗杲说、道谦编：《宗门武库》。

③ 《论语·公冶长》。

竟政治和社会的领域，已足够儒家去探讨并实践。儒家宁愿把关注的目光，集中于经验性的日常生活。那些幽深玄远的形而上讨论，讨论来讨论去，讨论不出个所以然，反倒会带来无穷的争辩，撕裂人们的共识，把原本质朴的心灵搞乱。但问题是，到隋唐时代，佛教已经进来了，由涅槃佛性说演进而来的心性论，已经对形而上的问题进行了长期、充分且系统的讨论。佛教那富丽堂皇、高深莫测的哲理体系，吸引了很多读书人去学佛。一些天资聪颖的人，出家成为佛门的龙象之才。这也是佛教能够极一时之盛的人才保障。

面对佛教的冲击，韩愈（768—824）提出"九字方针"："人其人，火其书，庐其居"[①]——让僧尼全部还俗，让他们活成"正常"的人；把佛经给烧掉，把寺庙给强拆。这种咬牙切齿、针锋相对的思路，并不能起到根本性的作用。

因此，此时的儒家，还必须把之前孔子没有明着讲的"性与天道"给讲明白、补齐全才够。如何补齐？向对手学习。当务之急便是学习佛教的方法，挖掘儒家内在的传统，建构儒家的形上哲理，确立儒家生活方式的哲学基础。这个方法被称为"入室操戈"——面对佛教的威胁，索性走到佛教里面去，拿起佛教的思想武器来加以改装，用佛教的方法应对佛教的挑战。

（二）自立吾理：重建儒家生活方式的哲学根基

从中唐开始，一个儒学复兴运动逐渐兴起，儒家传统中隐而不

---

① 韩愈：《原道》。

彰的心性论的一面，逐渐被挖掘出来。到北宋年间，二程兄弟中的程颢（1032—1085）为这个运动提出了明确的方向：自立吾理。简简单单的四个字，意义何在？

对农耕文明而言，只有保持家国天下的秩序，才能获得稳定的生产环境。"大一统"之所以是中华文明的根本需求，就在于这套机制能够最大范围、最大限度地有效地供给"稳定"这种公共物品。作为中国原有文明主流的儒家，必须把关注的目光聚集在世俗生活的家国天下，而非虚无缥缈的彼岸世界。然而，正是因为豪族社会的兴起、大一统秩序的崩溃，佛教通过对彼岸世界的承诺，"及时卡位"而获得发展。

佛教主张业报轮回，为了死后有好报，到彼岸世界获得解脱，一个人生前就需要积德行善。这个道理，对家国天下的治理是有益处的。但是，站在儒家的角度看，佛教在根子上有一种"虚无主义"的倾向。正如前面所说，佛教认为现实世界一切皆空。虽然空并不等于无，但对一般人容易造成消极的影响。如果山河大地皆为虚幻，家国天下都成了梦幻泡影，世俗生活又如何获得自己的坚实根基？佛教的空要求人们对现实能够看破并放下，这种高妙的智慧如何能保证人们在看破欲望的同时，不会看破整个生活？在放下执着的同时，不会放下对家国天下的责任？尽管禅宗发展到六祖惠能已经强调"佛法在世间，不离世间觉"[1]，已经最大限度地适应中国文化的现世特点，确实难能可贵，但相对于把现实世界放在第一位

---

[1] 《六祖坛经》。

的儒家而言，禅宗的这种世间性，终归是以出世间性为参照的。儒家看重的家国天下、世俗生活，并不能靠这种学说获得一种肯定性的哲理保障；相比于家国天下，丛林古刹在禅宗那里还是更具有吸引力。总体而言，虽然隋唐时代总体上比较强盛，但盛世是有隐忧的，那就是主流价值观上的"虚无主义"倾向。

面对佛教带来的"虚无主义"对现实生活的消解，"自立吾理"意味着要重建儒家生活方式的哲理基础，为世俗生活提供一个坚实、笃定的根基。

一个"理"字，作为关键字和盘托出，成为此后几个朝代哲学的主题，并不容易。佛教华严宗已经提到抽象的理和具体的事要打通，做到圆融无碍，对理学具有直接的启发。更重要的是，宋代是一个"讲道理"的时代。宋太祖（927—976）的宰相赵普（922—992），在面对宋太祖"天下何物最大"的提问时，回答的并不是"皇帝最大"，而是"道理最大"。[1] 宋太祖留下的祖训，包含"不杀大臣及言事官"[2]。宋代承接的是唐末五代之乱，宋太祖深知武将的麻烦，在于蛮不讲理，靠拳头说话，而读书人是讲道理的。在那个篡弑连绵的年代，宋代正是靠这个"急刹车"，才让自己没有成为五代之后的第六个小朝代。

（三）生生不息之理

在一个讲道理、而不是像汉代那样重迷信的思想氛围中，在佛

---

① 沈括：《梦溪续笔谈》。

② 《宋史·曹勋传》。

教的挑战与影响之下，理学逐渐发展壮大。"北宋五子"——周敦颐（1017—1073）、邵雍（1011—1077）、张载（1020—1077）、程颢、程颐（1033—1107）从各个层面深入探讨，而南宋的朱熹（1130—1200）最终集理学之大成，建构了一个幽深宏阔的理学大厦。

理学所说的"理"比较复杂，简单来讲大致可以归结为两个方面。一是万事万物的"所以然"，就是事物的规律，比如"物理"、"地理"、"法理"之类。二是人伦日用的"所当然"，比如日常生活中经常说的"岂有此理"、"蛮不讲理"、"按道理说"，就有这个意思。"理"作为宇宙的本体，不仅赋予宇宙以统一的秩序，而且能落实为个体的心性修炼。即便佛教和道教，也都处在"理"的含摄之中。理学建构起一套既超越佛道理论、又含摄佛道实践的精神秩序。

宋代的理学家不光从理论上去论证"理"，还从日常生活中去体认"理"，且这种体认的方式，初看上去多少有些"奇怪"。

写过《爱莲说》的周敦颐，曾经闭门读书，任凭院子外面杂草丛生。别人问他为何不除草，他回答说"与自家意思一般"①。他认为，从自由生长的杂草中，能够"观天地生物气象"②，体察到天地化生万物的活泼气象。

据说，程颢喜欢在鸡窝旁边转悠，观看新生的小鸡仔。因为小鸡破壳而出的时候，虽然生命力还很脆弱，但蕴藏着无限的生机。来自关中地区的张载，喜欢听驴叫。在张载眼里，蠢笨、卑贱如驴，不会鸣叫如驴，依然发出声嘶力竭、荡气回肠的叫声，这叫声

---

① 《河南程氏遗书》卷三。
② 《河南程氏遗书》卷六。

背后是生命力在自由澎湃。

这不是胡诌的段子。文献上有关于"明道喜观鸡雏，子厚喜闻驴鸣"的记载。[1] 他们体认的天理，最根本的内涵是"生生不息"。正是基于对天理的这一体认，长期担任小官的周敦颐成为宋明理学的祖师爷，程颢提出"自立吾理"的理学大旗，张载更是写出"为天地立心，为生民立命，为往圣继绝学，为万世开太平"的千古名句。

同样面对一个变动不居的世界，佛教看到的是"生老病死"、"一切皆苦"，所以需要把此岸世界看"空"，认为此岸的一切没有独立存在的自性，才好从此岸世界超脱到彼岸世界去。而理学家们以一种朴素而积极的眼光，看到的却是"生生不息"，是天地化生万物的盎然生机。这样的现实世界，已经足以让人留恋，足以让人投入全副身心去庄严地生活，并感受到一种莫大的快乐。

今天提起理学，很多人会被那句"存天理，灭人欲"所吓倒，仿佛理学家要恶狠狠地灭尽人的所有欲望。这实在是莫大的误解。在古代的语境中，"人欲"指的是人的过分的欲望，现在还有一个词叫做"人欲横流"。而基于人的正常的物质和生理需求的欲望，恰恰是人实现"生生不息"所必需的。人饿了要吃饭，冷了要穿衣服，成年了要结婚生子，这些都是正常的欲望，反而是属于"天理"的范畴！当时理学家讲"存天理，灭人欲"，更多是对官员甚至是皇帝讲的。对他们而言，让老百姓能顺顺当当地吃饱穿暖、男婚女

---

[1] 明道是程颢的字，子厚则是张载的字。相关记载，参见《朱子语类》卷九十六。

嫁、过好小日子，满足老百姓的正常欲望，反倒是从政者需要去"存"的"天理"。

朱熹强调"儒释之分，只争虚、实而已"①。正是因为天地宇宙是生生不息的，所以这个世界就绝对不是佛教意义上虚幻、空寂的世界，而是实实在在、变化日新并且充满意义的世界。理学家们通过自己的努力，让被佛教弄虚幻的世界重新变得实在起来，把人伦道德的积极价值从根本上确立起来。在此基础上，理学强调"格物穷理"。"格物"意味着，不必去参禅悟道，不必去彼岸寻找，就在这个生生不息的现实世界中，在无尽的天地大化之中，以一种真诚无妄、积极踏实的态度，去寻求万事万物的"所以然"，去体认人伦日用的"所当然"——二者合起来，就是"理"。理学所培养的士大夫，遵循理去修身养性、教化民众并治国理政，从而让个体和共同体都获得一定的内在秩序，尤其是为政治伦理提供心性论的根基。

（四）平民社会的再组织

对于理学，人们更多关注其哲学层面。确实，作为一种在中国古代并不多见的、哲学品质极高的学说，理学值得从哲学角度去深入研究。但是，理学还有一个被忽略的实践层面。哲学层面指向家国天下的根本意义之所在，解决的是"为什么"的问题；实践层面要解决的，是家国天下如何获得秩序，解决的是"怎么办"的问题。

———————
① 《朱子语类》卷一百二十四。

后者直接指向平民社会的"再组织"问题。

宋代基本实现从豪族社会到平民社会的历史转型，打破了世家大族对政治、经济和文化的全方位、长时期垄断，对大一统秩序的深化具有重要的意义。但是，这也带来另外一个方面的问题，就是没有豪族世家来主持地方社会秩序，地方社会缺乏有效组织，甚至出现权力真空。这对于社会治理来讲，是一个极为不利的情况，不少宋代学者对此状况忧心忡忡。因此，欧阳修（1007—1072）张载、程颢、程颐等学者，都积极推动建构新的组织形态。总体的努力方向，是建构具有平民色彩的民间宗族组织和乡里组织。

首先，以共同的祖先为纽带（通常是迁居某地的始祖），通过祭祀始祖、编订族谱、建立祠堂，把同一宗族的人团结起来。其次，通过乡里组织，制定乡约等规范，把即便宗族不同、但同居一地的人们团结起来。这样一来，地方社会才不至于陷入紊乱，才能获得基本的秩序。这样的组织具有较大的开放性，不会像世家大族那样，在地方社会造成垄断。对于明清社会极为重要的祠堂、族谱、乡约、保甲、社学、社仓等制度，基本上都是宋代学者们提出来或大力推行的。宋代学者提倡的敬宗收族、义恤乡里，一直影响此后的传统中国社会。有学者调查过闽台一带的民间族谱，发现至少有三十种不同姓氏的族谱序言，都抄了朱熹当年写的族谱序言的作业。①

组织形态有了，用什么方式实现组织的维系？

---

① 陈支平：《朱子学·理学：唐宋变革与明清实践》，《厦门大学学报（哲学社会科学版）》2014年第3期。

对于宗族组织，主要靠"家礼"。在宋代以前，一直有"礼不下庶人"的观念。这倒并非是对老百姓的有意歧视。礼需要仪式，需要适度地"讲排场"，世家大族能够负担，一般家庭却未必承受得起。但是，当宋代社会结构演变为平民社会，商品经济获得一定的发展，这样的教条便不合时宜。于是，一些理学家热心投入"送礼下乡"的工作，推动礼制下移。在朱熹看来，礼是对理的践行，既然平民同样分有"理"，就不能让他们与"礼"隔绝。朱熹在研究古代礼制的基础上，结合当时的民俗，专门针对平民之家设计了《家礼》，成为后世宗族制定礼仪的蓝本。

对于乡里组织，主要靠"乡约"——这种乡约，也是一种约定俗成的"礼"，而不是强制性的"法"。早在北宋时期，著名理学家张载的学生吕大钧（1029—1080）等人就制定了《吕氏乡约》，倡导同乡之人"德业相劝、过失相规、礼俗相交、患难相恤"，建构一个基于道德的生活共同体。该乡约后来经过朱熹的修订，到明代还被朝廷作为乡约的范本在全国推广。

朱子理学本来有"理一分殊"、"一本万殊"的观点，认为万物都是同一普遍原理的表现。元代有些理学学者认为，具有世系关系的同姓人群聚合在一起，同出于一个祖先，这就是"一本"；血缘关系的亲疏，体现了人群之间的身份差别，这就是"万殊"。[①] 由此，宗族的组织原则，和理学的一般原理有了更为深刻的契合。

---

① 章毅：《理学社会化与元代徽州宗族观念的兴起》，载常建华主编：《中国社会历史评论》第 9 卷，天津古籍出版社 2008 年版，第 103—123 页。

（五）明明德：教化的内在依据

组织建设离不开人的素质做保障。上述具有道德色彩的组织，需要具有良好道德素质的人，才能正常运转。在平民社会的背景下，个体的主动性也获得进一步的提升。与此相表里，理学把教化的根基，植根于每个人的内在能力。这突出表现在对《大学》首句中"亲民"二字的理解上。

《大学》首句的原文是："大学之道，在明明德，在亲民，在止于至善。"汉儒认为"民者，冥也"。这个"冥"又和"瞑"相通，就是眼睛睁不开的意思。汉儒认为，民众的数量太大，懵懂无知者居多，没有办法自己觉悟，因此需要官员去"亲民"，承担教化民众的任务。这里强调的重心是官员的作用。到宋代，朱熹等人认为每个人在根本上都有清明的德性，都有觉悟的能力，只是现实中受到各种污染。君子就是那些先去除自身污染、先实现觉悟的人，他们有义务帮助后觉悟的人，让他们依据自己本身具有的觉悟能力，实现觉悟，从而去除污染、焕然一新。所以，朱熹把"亲民"读作"新民"，强调的是每个人自我更新的觉悟能力。人与人的区别，不在于本质上是否能觉悟，仅在于觉悟的先后而已。在汉儒那里，大多数人通过教化，能成为一个良民就不错了；到宋代的朱子这里，每个人基于自己本身具有的"明德"，都有成圣成贤的可能性，都能在道德上成就自己。由此，一代一代的士大夫，主动担当起"以斯道觉斯民"的任务，为涵育良好的社会风气，一点一滴努力耕耘。

通过"一切众生皆有佛性"，佛教的涅槃学给每个人打开了成佛的可能性，提供了到达彼岸世界的坚定承诺；而理学强调人人都有"明德"，给每个人打开了成圣成贤的可能性，提供了道德成就的广阔图景。只有深入到此处，才能理解理学面对佛学挑战的应对与超越。

由此，在逐渐兴起的平民社会里，大多数人不必像之前那样在门第出身上一较高低，在谈玄参禅中一争长短，转而争取在道德成就上相互砥砺，在科举考试中比试才情。当社会和思想一并转型，后者成为更值得追求的事情。在这些事情上要想获得成功，主要不是靠先天的出身，而是靠个人后天的主观努力。

六、明代心学的兴起

宋明理学发展到明代中后期，阳明心学逐渐兴起，并对后世形成较大的影响。宋明理学由此形成"程朱"与"陆王"并立的思想格局。

（一）商品经济与欲望的膨胀

在这个时代，兰陵笑笑生写作出《金瓶梅》，截取了《水浒传》中的一段故事加以发挥。与成书于明代前期的《水浒传》相比，《金瓶梅》出现了许多变化。比如，面对嫂子潘金莲的勾引，《水浒传》中的武松一手把她推开，并且严词警告，而《金瓶梅》里的武松却"羞愧地低下了头去"——他已经在欲望与理性之间挣扎。在杀嫂之后，《水浒传》中的武松去县衙自首，而《金瓶梅》中的武松却去王婆那里卷了一些银子和首饰，赶紧跑路。连武松这样的大英雄，在《金瓶梅》中都难免对财色的欲望。更不用说潘金莲、西门庆无休止的色欲，王婆的财欲，各色人等的各种欲求。人们在感性欲望编织的地狱中奔走驰逐，心灵空荡无所归依。

人们为何在这个时代欲望膨胀？一个重要的原因在于商品经济高度发展。

明朝开国皇帝朱元璋（1328—1398）是农民出身，面对大乱之后人少地多的状况，通过重农抑商和准计划经济的方式，保障农业生产的快速恢复。他规定，商人就算再有钱，也不能穿相对贵重的绸纱，只能穿廉价的绢布，而农民反倒被允许穿绸纱。到明朝中期，随着农业和手工业的发展，社会分工越来越精细。无论是富庶的江南、大运河两岸、长江流域和东南沿海，还是相对落后的华北、西北，商品经济都日渐活跃，形成全国规模的市场网络。明代中期的丘濬（1421—1495）说"今夫天下之人，不为商者寡矣"[1]，当时不经商的人反倒少见。不论是贵族官僚，还是平民百姓，甚至包括一些皇帝，都投身于商业活动之中。朱元璋当时若泉下有知，不知作何感想？

商品经济历朝历代都有，明朝有何特殊之处呢？特殊在白银时代的逐渐来临。

早在北宋时代，中国已经成为世界上经济最发达的国家之一，但存在一个软肋——中国并不是金银等贵金属的高产区。铜矿倒是

---

[1]　丘濬：《重编琼台稿》卷十。

不少，不过铜在中国人心目中远不如银珍贵。为满足交易需求，宋元时期开始使用纸币。元朝后期纸币失去锚定物，造成恶性通货膨胀，人们觉得还是金银靠谱，于是重回硬通货崇拜。但中国金银实在不足，明朝从朱元璋开始只好发行大明宝钞，禁止使用金银。大明宝钞没有足够的信用准备金，朝廷在财政压力下抑制不住滥发宝钞的冲动，于是宝钞变成手纸。作为贵金属的白银却保持稳定，在民间禁而不止。明朝立国七十多年后，朝廷终于扛不住，放松对白银使用的限制。政府规定，老百姓如果不想服劳役，交银子就成。到 16 世纪中后期，白银获得法定货币地位后，"一条鞭法"把所有赋税折合成白银征收。禁止使用金银的朱元璋若看到后世子孙的这些操作，不知又该作何感想？

不过，白花花的银子从哪儿来？

（二）来自新大陆的白银

与中国银矿少铜矿多不同，日本银矿多铜矿少。日本从中国引进先进的精炼技术之后，银的产量大幅度提升，造成铜贵银贱。在巨大的差价之下，白银大量流入中国。但是，日本的银矿还不足以满足明朝中后期庞大的白银需求。这当口，另外一个地区新开采的银矿资源，正好及时卡位。这就是美洲。

1492 年，哥伦布（1452—1506）"发现"美洲，成为世界史上的一件大事。半个世纪之后，美洲发现大量银矿，后来还在秘鲁发现提炼银子所用的水银，炼银效率大增。作为殖民急先锋的西班牙和葡萄牙，并没有像工业革命时期的英法那样，把骤然获得的巨额财富变作扩大再生产的资本，而是用于满足贵族、王室和商人的奢侈品和日用品消费。这些商品从何而来？大多由商品经济高度发达的中国提供。西班牙和葡萄牙用来自美洲的白银，从中国换回香料、茶叶、丝绸和瓷器等。

海外白银流入明朝的量非常巨大。德国学者贡德·弗兰克（1929—2005）综合学界研究成果估算：

> 从 16 世纪中期到 17 世纪中期，美洲生产了 30000 吨，日本大约生产了 8000 吨，总计 38000 吨。如果减去留在美洲以及在转运中流失了的难以确定的一部分，最终流入中国的 7000 吨到 10000 吨的确是一个很可观的数字。也就是说，即使按照冯格拉汗的保守估算，中国也占有了世界白银产量的 1/4 到 1/3。这个份额依然高于欧洲、西亚、南亚和东南亚分别占有的份额，更不用说非洲和中亚占有的份额了。①

发现新大陆，本是欧洲人开辟新航线的"意外结果"——哥伦布至死都以为自己到的是印度，而不是美洲。而欧洲人之所以要开辟新航线，主要是为了寻找通往中国和印度的新路，从富庶的中国获取商品。之所以要从海上找新路，是因为陆上丝绸之路被新兴的奥斯曼帝国拦腰截断。而奥斯曼帝国之所以能够做大，恰恰在于蒙元帝国被明朝灭亡，给它留下发展空间。此前，幅员广袤的蒙古帝国，让陆上和海上丝绸之路畅通无阻，中国和欧洲之间的货物转运不仅有安全保障，而且成本低廉。可是，当奥斯曼帝国在中间横插

---

① ［德］贡德·弗兰克：《白银资本：重视经济全球化中的东方》，刘北成译，中央编译出版社 2008 年版，第 139—140 页。

一刀,大幅上升的转运成本让需要中国商品的欧洲人承受不了。他们已经知道地球是圆的,于是试图反方向从海上寻找通往中国以及印度的新航路。此时,欧洲人远航之所以不怕迷失方向,在于中国人发明的指南针在 12 世纪传入了欧洲。远航歪打正着找到美洲。美洲新发现的白银,又通过商品贸易流入中国,促进了中国商品经济的发展。而作为新大陆的美洲几经曲折辗转,其中一部分形成今天的头号强国美国,成为今天走向复兴的中国所面对的最重要的"他者"。走笔至此,历史幽深处那些复杂的关联,各地文明此消彼长与相互交流的复杂结果,不禁令人感慨万千!

以白银为纽带,中国、欧洲和美洲在经济上展开深度的往来,中国由此被嵌入一个全球性的市场网络之中,商品经济获得"白色血液",发展更加迅猛。16 世纪以来,以全球性市场网络为基础,人类社会第一次实现人、商品、货币的频繁流动,各个地区逐渐卷入现代世界体系之中。

王阳明(1472—1529)正是生活在这个大时代的开端处。许多问题虽然还未充分展开,但是已经初见端倪。

(三)流动的个体:精神秩序如何安顿?

随着商品经济的快速发展,社会的流动性加大。到 16 世纪,得益于现代世界体系的初步形成,从美洲传来玉米、甘薯等高产的农作物,在中国北方广泛种植,使得同样的土地可以养活更多的人口,导致人口暴增。在平民社会、大一统秩序的总体背景下,人们不像魏晋南北朝的大分裂时代,躲进封闭性较强的豪族庄园,而是从土地上溢出，有的进入商业城镇成为市民，有的进入矿山成为采矿工人，还有的成为有组织的海盗。赋役折银的推行，也使得大量人口不必依附在土地上。于是，在传统"四民"的基础上，竟然增加了十八种不从事农耕的群体。[1]

此前，农业需要大家族的协作，需要乡党邻里的守望相助。宋代的家族组织和乡里组织，原本有天理观念作为哲学基础，为人们提供了有效的精神秩序。到明代中后期，相当数量的人口从农业转向工商业，摆脱家族和乡里的纽带，个体性日益增强，同行之间的协作转而变得更加重要。于是，旧有的维系家族和乡里秩序的天理观念，逐渐难以为流动的个体提供有效的精神秩序。

当商品经济的发展带来物质产品的丰富和个人收入的增长，而流动的个体缺乏精神秩序的约束，个体欲望的膨胀变得不可避免。

各种欲望，集中到一个"钱"字上。金钱崇拜扭曲了人们的价值取向，甚至连读书人都纷纷下海经商，变得唯利是图。当时有人痛心疾首地写下《三民论》一文，认为士消失了，四民变成了三民。[2] 传统"士农工商"四个阶层中排在首位的士人，本该做到"无恒产而有恒心"[3]，成为社会道德的担纲者，很多人却成为"精致的利己主义者"，在追名逐利中乐此不疲。

不光读书人下海、官员贪腐，民众也加入"生活腐败"的大军。

---

[1] 明朝初期，官方规定的民的分类是"士、农、工、商、兵、僧"，到中后期，又增加了道士、医者、卜者、星命、相面、相地、弈师、驾长、修脚、修养、倡家、小唱、优人、杂剧、响马贼、龃偿、篾头、舁夫等十八种"不稼不穑"之民。

[2] 徐芳：《悬榻编》卷一。

[3] 《孟子·梁惠王》。

家里没米下锅的贫民，也以穿着朴素为耻。买不起新绸缎的，就跑到旧货摊买旧绸缎翻新做衣服。总之，穿衣服讲究绫罗绸缎，吃东西讲究山珍海味，住房子讲究金碧辉煌。再夸张一点的，就是前面提到的《金瓶梅》当中的蝇营狗苟。欲望是没有止境的，终会超出个体和共同体的承载能力，更会侵蚀社会价值观的基础，造成总体性的崩盘。而个体之间缺乏有效的连接纽带，本身也会造成共同体的解体。

面临现代世界体系带来的冲击，欲望膨胀的孤立个体，其精神秩序如何安顿？失去旧秩序的大量个体，如何重新结成一个共同体？这是明代中后期在思想文化上面临的深刻挑战。[①]

但是，始于宋代的程朱理学，到明代成为官方意识形态，逐渐沦为士人追逐功名利禄的工具，缺乏思想活力，难以应对这个新的社会变革。在这种情况下，阳明心学应运而生。

面对个体欲望的膨胀，佛道两家也在想办法应对。佛教告诉人们，一个人如果生前欲望膨胀，做尽恶事，死后会下地狱，来世会受尽恶报。佛教用因果报应的思想，靠来世的惩罚来恐吓人们，虽然也能取得一定的效果，但所谓来世毕竟有些遥远。道教认为欲望的膨胀会影响身心的清净，不利于羽化登仙，但成仙的目标太过虚无缥缈，大多数人也懒得去追求。

---

① 更具体的论述，参见张志强：《"良知"的发现是具有文明史意义的事件——"晚明"时代、中国的"近代"与阳明学的文化理想》，《文化纵横》2017年第4期。

（四）致良知：扩充心灵的内在能力

阳明心学把约束欲望的力量，寄托于每个人内在具有的心灵能力上。

在王阳明之前，心学的传统已经由南宋的陆九渊（1139—1193）开启端绪。陆九渊认为朱熹提倡的"格物致知"太过繁琐，容易导致人们的认知支离破碎，反倒丧失本心。因此，陆九渊主张立足于人所固有的"良知良能"，首先把每个人本来具有的道德理性确立起来，才不至于迷失道德修养的方向。历经各种人生磨难的王阳明承接这个传统，进一步拎出"致良知"三个字。何谓"良知"？一个在基本的人文环境中成长起来的人，不用格外地接受教化，基本上对于行为的是非善恶是清楚的。这种知是知非的能力，就是王阳明所说的"良知"。但是，由于社会风气的败坏，膨胀的欲望会蒙蔽人们的良知，导致人们明知道对却偏不干，明知道错却非要做。所以，王阳明强调作为动词的"致"，就是要把良知一步步扩充起来。当良知在内心明朗起来，一个人就有了对是非善恶的健全判断，就能够"扶正祛邪"，对治膨胀的欲望。王阳明把约束欲望的力量，以及道德行为的依据，安放于每个人心灵固有的内在能力上，而不是外在的地狱、来世或缥缈的成仙上。

王阳明倡导的"致良知"和朱熹强调的"明明德"颇有内在一致之处，都强调道德行为的根据在于每个人的内在本性。但是，朱熹虽然在理论上肯定每个人觉悟的可能性，在现实中却把民众觉悟的希望更多寄托在士人对他们的教化上。这种思路基本适应当时的虽治生亦是讲学中事。但不可以之为首务，徒启营利之心。果能于此处调停得心体无累，虽终日做买卖，不害其为圣为贤，何妨于学？学何贰于治生？（王阳明：《传习录拾遗》）

社会经济状况：大多数人生活在农业社会的乡村共同体中，士人用"礼"作为手段，在民众中落实更加抽象的"理"。但是，到王阳明的时代，很多人挣脱"礼"的束缚，导致"理"也摇摇欲坠。面对这些主体性凸显的个体，王阳明需要让他们知其然而又知其所以然，需要讲出一番新的"理"来。于是，王阳明强调"心即理"，而不像程朱主张"性即理"——后者强调的是人的本质属性，这是士人教化民众的依据；前者强调的是人心的"良知"，这是每个人当下可行的觉悟路径。

站在商业逐渐兴起的时代开端处，与很多儒家学者不同的是，出生于商业氛围浓厚的浙东地区的王阳明，并不反对商业本身，甚至对商人阶层还颇有好感。他认为，做生意和做学问不是对立的，只要修炼得内心纯净，没有挂碍，就算成天从事商业，也能取得道德成就。王阳明反对的不是商业，而是功利之心；解决问题的关键不在于限制商业，而在于约束欲望，扩充良知。

（五）向下扎根的儒学

"致良知"的思路，不光要安顿个体的身心，还为个体流动性增强的社会，提供了重新整合的基础。王阳明指出，一般人面对圣人，觉得巍巍乎高不可攀。他教导人们，就像评价黄金一样，最重要的不是看"斤两"，而是看"成色"，评价人首先要看德行而不是功业。每个人只要在"致良知"上积极努力，就算在"斤两"上达不到圣人的程度，但是在"成色"上却可以接近圣人，甚至和圣人一样。[1] 王阳明曾让弟子上大街观察，弟子回来报告说"见满街都是圣人"[2]，每个人都有良知，都有成圣成贤的内在能力。在良知面前，人与人是平等的，这是一种德性的平等，而不是西方所讲的权利的平等。这种平等是具体的，而不是抽象的。这种德性平等，为个体之间合作互助提供了基本前提。而个体之间能力的千差万别，正好为人们合作互助提供了可能性。[3] 王阳明提出"同心一德"、"集谋并力"[4]的理念，希望人们在德性平等的基础上，通过合作互助实现社会整合。

王阳明倡导的"致良知"向每个人敞开，当然也向士人之外的农工商等群体敞开。清代学者焦循（1763—1820）认为，朱熹的理学主要针对读书人，王阳明的心学则直接教化普通百姓。王阳明用大白话说：

> 与愚夫、愚妇同的，是谓同德；与愚夫、愚妇异的，是谓

---

① 参见《传习录上·薛侃录》。

② 《传习录下·黄省曾录》。

③ 参见张志强：《"良知"的发现是具有文明史意义的事件——"晚明"时代、中国的"近代"与阳明学的文化理想》，《文化纵横》2017 年第 4 期。

④ 《传习录中·答顾东桥书》。

异端。①

> 你们拿一个圣人去与人讲学，人见圣人来，都怕走了，如
> 何讲得行？须做得个愚夫愚妇，方可与人讲学。②

在那个个体主体性进一步彰显的平民社会，阳明心学让儒学进
一步向下扎根。即便不能读书的平民，也能从阳明的学说中得到启
发和感动。

阳明学的传承者中，比较重要的有王畿（1498—1583）和王艮
（1483—1541）两家。天分颇高的王畿，侧重走"上层路线"，在士
大夫中讲学，但影响较为有限。反倒是出身盐商、并没读过多少书
的王艮，创立泰州学派，在社会上产生极大的影响。面对从事农业
或工商业的平民，泰州学派避免书院会讲那种程式化、教条化的枯
燥说教，省去烦琐的论证，努力用贴近百姓习惯的方式宣讲。孔子
所高扬的"有教无类"的理想，在现实层面终于得到切实的落实。
随着个体流动性的增加，泰州学派还把基于兄弟的"友爱"，推广
到没有血缘关系的陌生人之间，倡导一种平等、互信、友爱的横向
朋友关系，在社会整合方面作出积极探索。尽管泰州学派到后来出
现非理性主义和虚无主义的弊端，但其立足平民社会所开启的思考
和实践方向，至今仍具有重要的价值。

---

① 《传习录下·黄省曾录》。
② 《传习录下·黄省曾录》。

小　结

一

从西汉中后期一直到唐朝，在一千多年的时间里，中国社会结构的特征可以用"豪族社会"来概括。囿于当时技术条件的限制，豪族庄园成为农业生产的重要组织形态。豪族兴起后，逐渐从政治、经济和文化等层面全方位垄断社会资源，对大一统国家政权构成巨大的挑战。皇权曾经多次想办法对豪族加以抑制，但是难以取得根本性的成效。各自寻求自保的豪族，削弱了大一统国家的向心力，东汉末年遂陷入军阀割据。此后，历经三国两晋南北朝，除去西晋实际上不到三十年的统一，大分裂的时代竟然持续了两三百年。

西晋末年，南下少数民族在中原地区趁乱起兵，纷纷建立政权，西晋皇室南渡江南建立东晋，南北由此分立。南方的东晋形成门阀政治的格局，皇帝成为豪族的"吉祥物"。南朝由寒族控制中央政府，但豪族社会的格局并未根本改变。北方经过十六国时期的战乱，逐渐形成比较稳定的政权。最终，统合南下鲜卑贵族和关陇汉人豪族的关陇集团乘势崛起，成为建立隋唐大一统格局的核心力量。隋唐"大一统"的背后，是大分裂时代各民族的交往交流交融。来自塞外的草原文化，为中原文化重新注入生机与活力，中华文明由此获得更加恢弘的气象。

二

隋唐的大一统之局，依然面临豪族的掣肘。南方的豪族在社会上依然树大根深。来自草原的军事贵族，早已变身为北方的豪族，且和北方原有汉人豪族实现联合。面对豪族对皇权的威胁，皇权不得不寻求新的应对之方。此前，汉代的察举制度和魏晋南北朝的九品官人法缺乏足够客观的选人用人标准，最终被豪族所把持，导致豪族权力得以不断再生产。到隋唐时期，中央政府开始采用科举制度，以考试成绩而不是门第出身为标准选拔人才。由此，科举士大夫成为代表皇权去瓦解豪族权力格局的重要力量。到宋代，得益于纸张和雕版印刷术的普及，书籍成本极大降低，科举制度也更加完善。在其他社会因素的综合作用下，宋代形成平民社会。从豪族到平民的转变，终于完成。

中国的科举制度在世界上遥遥领先。公元 605 年，隋朝设立进士科，一般被认为是科举制度的开端。相比之下，英国的文官制度要等到 1854 年才建立，且借鉴了中国的科举制度。美国建立文官制度，则要等到 1882 年。和欧洲中世纪漫长的贵族制相比，和印度的种姓制度相比，科举制度无疑是最具有平等精神的一项伟大的制度发明。有人说，这个制度发明的意义，可以和古巴比伦王国的汉谟拉比法典、英国的大宪章相提并论。[1] 尽管科举制度到后期出现僵化保守的弊端，但其积极意义是不容否定的：它有助于人们实

---

[1] 参见新京报社论:《废除科举百年，我们要省思什么》,《新京报》2005 年 9 月 4 日。

现社会阶层的垂直流动，打破了阶层固化，激发社会活力；它扩大了人才选拔的人口基数，造就了"士大夫与君主共治天下"的格局，有利于提升国家的治理能力，提升同心圆结构的内在向心力。直到今天，仍然有学者把基于科举制度形成的政治传统称作"贤能政治"，并认为中国当代政治仍然继承了贤能政治的精髓，比西方选举民主具有更高的治理效能。①

三

　　源自印度文明的佛教的传入，是中国思想史上的一个"大事因缘"。与一神教文明不同，中国文明具有非一神教的特质，不会因为唯一真神而排斥其他神灵或思想体系，从而具有极大的包容能力。佛教从两汉时期依附于方术而"申请加盟"，到魏晋时期般若学通过玄学"借壳上市"，再到南北朝时代靠涅槃学"自立门户"，进而通过《大乘起信论》等"华丽转身"，实现从佛性到心性的转折，最终到隋唐八大宗派"开枝散叶"，甚至一度"反客为主"。在大分裂的魏晋南北朝，佛教为上层提供逃遁的精神空间，为普罗大众提供彼岸世界的慰藉。在大一统的隋唐，佛教为和平富足的盛世锦上添花。佛教努力满足中国社会的某些深层心理需求，从而获得自身的发展；佛教与中国固有的儒道两家中某些思想倾向相互鼓荡，彼此影响。在这个过程中，中国社会对佛教并不是全盘吸收，而是选择符合自身社会需要的那些思想和学派；中国的思想世界受到佛教

---

① 参见［加］贝淡宁：《贤能政治》，中信出版社 2016 年版。

的影响，呈现出与之前迥然有别的面貌；佛教也已经不是当初在印度或西域的样子，而是获得某种"中国气派"。同时，印度佛教自身也在演变，甚至西域还有为中原"量身定制"一些佛教经论的情况。这些复杂的事实，大概是在观察"佛教中国化"的进程时，首先需要明了的。

佛教通过精微深邃的心性论，俘获了一大批"粉丝"，竟然造成儒门冷落的局面。佛教更加关注彼岸世界，这对于关注现世生活的儒家价值而言，无疑是一种消解。从中唐的韩愈开始，逐渐兴起儒学复兴运动，到北宋程颢确立"自立吾理"的方向。理学家们虽然批判佛教，但是却暗中借鉴佛教的心性论，来补足儒家的短板。南宋的朱熹综合前代学者的成果，建构了一个系统的理学大厦，重新奠定了儒学生活方式的哲学根基，把"生生不息"彰显为天理的重要内涵，不像佛教用虚无主义的眼光看待现实世界。在理学之前，儒家对于佛教的批判，总是徘徊在伦常、纲纪、夷夏、正统异端之间，缺乏哲学层面"一击即中"的节点；"理"的彰显，让儒家在哲学层面获得与佛教一较高低的能力。在现实政治层面，理学培养的士绅阶层，在平民社会中成为连接国家和个人的中介。许多理学家推动构建具有平民色彩的民间宗族组织和乡里组织，并通过"送礼下乡"构建家礼和乡约，为平民社会提供了整合的纽带。

四

辗转到明代中后期，商品经济获得极大的发展。以来自日本、美洲等地的白银为纽带，中国逐渐被嵌入现代世界体系之中。商品经济获得"白色血液"的刺激，势头更加强劲。从土地上溢出的农业剩余人口，不断涌向城镇和工场，进入工商业，挣脱原有宗族纽带，成为流动的、主体性彰显的个体。这个大时代有两大挑战：一是欲望膨胀的个体，如何重新获得安顿身心的价值观？二是高度流动的个体，如何重新加以组织，进而建构有效的社会秩序？当时成为官方意识形态的程朱理学，缺乏应对挑战的思想活力，于是阳明心学应运而生。一方面，王阳明提出"致良知"，把对治欲望、挺立价值理性的根据，植根于每个人内心固有的良知。并且，"致良知"向所有人敞开，简单易行，极大地适应了商品经济高度发展下的平民社会的精神需求。另一方面，王阳明提出"同心一德，集谋并力"，倡导在德性平等、而非西方式权利平等的基础上，个体之间彼此尊重，进而通过合作互助，来重构生活的共同体。

　　一般来讲，程朱理学仍然是读书人的精神教养，读书人通过道德的自我修养来促使自己成为社会的表率，进而实现以道德治天下的治理效果；阳明心学则面对读书人和普通民众，强调了所有人都有成圣的可能性。相比程朱理学，阳明心学适应了明代中后期的社会状况，具有更高程度的平民性。作为阳明后学，王艮建立泰州学派，进一步让阳明心学扎根于下层的平民百姓。儒学在现实中从士大夫层面进一步下沉到个体层面，从特定群体扩大到所有人。相对于纵向的君臣、父子关系，泰州学派更看重横向的朋友关系。这是对当时高度流动的社会现实的回应，对儒学在今天的传播也具有启发意义。

第 五 章

由元而清：迈向"大中国"时代

从元朝到清朝，中华大一统格局得到极大的拓展与深化，向"大中国"时代迈进。在这个过程中，各个民族尤其是一些少数民族作出了重要的贡献。要全面理解"大一统"的演进，这是不可或缺的重要内容。

一、农耕与游牧的互动关系

中国古代的农耕文明面临一个"硬约束"，就是 400 毫米等降水线。在东亚大陆，如果年降水量少于 400 毫米，农耕一般很难持续下去，因为太低的产出没有办法养活必要的农耕劳动力。只有牧业这种所需劳动力较少的生产方式，能够在 400 毫米等降水线以北的广袤区域普遍存在。于是，以 400 毫米等降水线为界，中国大致存在两个大的区域：南方的农耕区和北方的游牧区。

（一）农耕与游牧：谁也离不开谁

北方游牧区的产出比较单一，远远不能满足牧民日常生活的需要。草原上物产极为有限，除了肉和奶，很多生活必需品都需要从南方农耕区获得，比如粮食和茶叶。对于蒙古高原的牧民而言，他们不能只靠肉食和奶制品为生。二者产量有限，不足以满足成天食用的需求。牧民需要用这些畜牧业产品和南方农耕区交换粮食，才能更长久地撑饱肚子。另外，牧民毕竟肉食相对较多，容易消化不良、油脂过多，需要靠茶叶来解腥解腻防"三高"，而茶叶的出产地却在南方农耕区的深山里。青藏高原海拔更高，人们更需要靠肉食来抗冻，肉吃得更多就更需要靠茶叶来促进消化，进而燃烧脂肪、发热御寒。因此，青藏高原上的居民对茶叶更形成一种"刚需"。除了粮食、茶叶，游牧区还需要布匹来做衣服穿，需要瓷器和铁器等手工业品作为日常生活的用具，而这些物品在草原上也很难生产，主要从南方农耕区获得。

南方农耕区虽然物产丰富，基本上能够自给自足，但是对北方游牧区也有"刚需"，那就是马匹。在冷兵器时代，战马是决定军队战斗力的重要因素。有了良马，才能更好地对内维持稳定，对外抵御北方少数民族南下，才能为农耕区提供总体的公共安全保障。或许有人会说，直接从北方引进良马，让它们在南方农耕区繁殖后代，不就解决问题了吗？问题没这么简单。马似乎是一种天性喜好自由的物种。就算引进到南方，可以不停地生育，但生出来的马儿一代不如一代。"橘生淮南则为橘，生于淮北则为枳"。马儿得从小在"塞北苦寒地"的广袤草原上自由驰骋，才能练就更好的战斗力。历史上南方也曾经搞过一些养马场，但是在狭小的"温柔富贵乡"里，养出来的马总体质量不高。就算南方能养马，也难以实现大规模量产。在适合农耕的土地上划出大片可耕地养马，还不如用这片耕地出产的农产品和游牧区交换马匹来得划算。牧民养马，远比农民更专业，人力成本也更低。因此，历史上南方虽然也有一些小片的养马场，但是和北方天然的养马场相比，简直是小巫见大巫。除了马，南方的农民也需要从游牧区获取其他一些生产、生活物资，比如用来干活的骡子和驴，用来满足口腹之欲的牛羊肉，用来御寒的皮袄，此外还有来自藏区的药材，等等。

（二）数千年的复杂互动

北方游牧区和南方农耕区在地理气候上的差异，导致生产方式及物产的差异，以及生活方式的不同。但是，各自的生活方式要想持续下去，却又离不开对方生产方式所生产的某些重要物品。因此，两种生活方式本质上是高度互嵌的，离开其中一种去理解中华文明，既不全面也不真实。在漫长的历史上，二者之间的经济交流是一种必然。就算南方也能产出马匹或牛羊肉，就算北方一些地方也能种出粮食，只要基于各自生产成本不同而造成的差价和品质差异足够大，也足以吸引商人们往来其间。即便历史上有些特殊时期，官方出于政治考量而禁止双方交易，也会有商人愿意铤而走险。在风调雨顺、政通人和的时期，双方能够通过贸易，以和平的方式互通有无。可是，一旦遇上天灾人祸，比如北方的暴风雪冻死了牛羊，导致游牧区缺乏和农耕区交易的物资；比如农耕区因为降温而减产，自己都吃不饱，遑论供给游牧区多余的粮食。再加上各种因素的叠加，游牧区的牧民只好成群结队到农耕区来抢夺。一般而言，整体的寒冷期都是南北方一起降温，因此游牧区畜牧业减产的时候，农耕区恰好也没有足够的粮食。这样一来，战争就不可避免，最终以双方人口的减少为代价，达成人口和资源之间新的平衡。

有学者通过非常细致的研究认为，在中国历史上，盛世一般出现在比较温暖的时期，因为这段时期农耕区粮食增产，游牧区也牛羊成群，大家通过贸易互通有无，倒也其乐融融。比如汉文帝、汉景帝时期，就处在一个温暖期的末尾；唐朝在唐玄宗天宝年以前，处于"中世纪温暖期"；而像魏晋南北朝那样的大分裂时代，也正是大降温的时代。降温使得北方游牧民族面临持续性的生存压力，不得不南迁，而面对北方游牧区传导的压力，农业产出不足的南方农耕区没办法有效应对，于是中国当时陷入分裂和战乱。明朝末年，正好碰上小冰期的气温最低点，天灾人祸横行，内有农民起义，外有女真南下，明朝的灭亡正应了"无力回天"四字。[①] 当然，地理和气候因素对历史有重要影响，但不能陷入一种"决定论"的单向思维。真正的历史，恰是气候、地理、人力等多种因素综合作用的结果，基于各种条件所形成的人们的生产方式，才起着决定性的作用。

（三）游牧民族与"大一统"

基于生活方式内在的高度依赖性，北方游牧区和南方农耕区，

---

① 参见张文木：《气候变迁与中华国运》，海洋出版社 2018 年版。

时而通过贸易、时而通过战争而彼此发生关系。历经数千年的历史演进，南北双方通过复杂的互动，越来越形成一个紧密联系的整体。在这个过程中，从总体上看，北方游牧民族对于中华大一统格局先后发挥了三种作用。

一是施压者。

世界上农耕文明不少，为什么只有中国的农耕区率先实现"大一统"，并且一直保持和发展？一个重要的原因，恰恰在于中国的农耕区面临北方游牧区持续而强大的挑战。本来，农民向往的是"三十亩地一头牛，老婆孩子热炕头"的生活，没有必要把政治共同体扩展得那么大。但是，正因为北方游牧区的整体性挑战，南方农耕区的农民们必须抱团取暖，以王权或皇权的强力意志和军事实力，通过有效的政治架构和组织动员，把一盘散沙的小农，"抟沙成团"般地整合成一个大规模的国家，才足以应对来自游牧区的挑战。

比如，春秋时代的齐桓公、晋文公等人，提出的政治口号是"尊王攘夷"。这个口号一般被理解为并列关系，其实"尊王"和"攘夷"之间还有一种互为因果的关系——只有农耕区"尊王"，才能实现"攘夷"；农耕区尊奉一个共主，才能把农民们聚合起来，有效应对来自北方游牧区的挑战——至少，才能联合起来修长城，才能把各处的长城连成一条线；反过来也可以说，正因为需要"攘夷"，所以才要"尊王"，如果没有来自游牧区的挑战，农耕区也没有必要聚合起来，毕竟聚合也是需要付出成本的，比如王室或皇室需要老百姓来供养，比如对王位的争夺也会带来争斗，危及稳定。

在农耕区，就局部来讲，一部分农民躲进相对封闭的"桃花源"，或许可以在一定程度上做到"山高皇帝远"，有没有王或皇帝对他们影响不大；但就整体而言，一个共同尊奉的王或皇帝，对南方农耕区却是非常必要的。

二是维护者。

在漫长的交往交流交融中，来自游牧区的草原民族，逐渐学习中原王朝的组织技术，甚至局部地学习一些冶铁和手工的技术，提升自身的组织凝聚力和经济实力。在多种因素的交织作用下，一些升级过后的草原民族甚至通过军事手段而入主中原，占有了大片的农耕区，建立更加成熟的政权。接下来的问题是，他们会把中原地区变成牧场、继续草原上的生活方式吗？毕竟草原很难变成耕地，但耕地变成草原在技术上并不难实现。中原地区还和草原一样一马平川，足以令南下的牧民们兴奋不已。因此，十六国时期的一些少数民族政权以及初期的北魏，由于缺乏治理中原的经验，还真干过把耕地圈成牧场的事情。甚至几百年后的蒙古亲王贵族，还有把黄河以北的耕地变为牧场的疯狂想法。

但是，这种做法难以持久。如果在适合农耕的土地上去放牧，一时间倒是尽了游牧民族之兴，但很快会发现投入高但产出低，远不如种庄稼划算。当年，蒙古亲贵提出那个疯狂想法后，汉化的契丹人耶律楚材（1190—1244）向蒙古大汗窝阔台（1186—1241）力谏不可，他给出的理由是，农耕所能缴纳的赋税，远远超出放牧牛羊带来的财政收入。经济的约束是硬约束。当游牧民族迁移到400毫米等降水线以南，大多得在中原地区接受农耕的生产方式。南下

207

的牧民与中原原有汉人在长期交往交流中不断融合，几代通婚、长期共同生活之后，慢慢分不出彼此了。比如，当年南下的匈奴、鲜卑、羯、氐、羌等，逐渐与中原原有汉人相互融合，共同形成一个"亦新亦旧"的族群。

南下游牧民族主导的政权，既然只能沿袭中原地区的农耕生产方式，就必须学习农耕文明的治理体系和政治架构，进而学习中原文化。为了彰显自身的正当性，很多南下游牧民族建立的政权，都宣称自己是华夏正统。

十六国时期的刘渊，自称是匈奴冒顿单于的后裔。刘邦当年曾将宗室之女嫁给冒顿单于为妻，所以冒顿的子孙跟这位女祖宗姓了刘。刘渊建立汉赵（前赵）后，宣称魏晋政权皆为"篡逆"，而他自己才是汉朝的合法继承者，于是在太庙中尊奉汉朝皇帝，还特地追尊蜀后主刘禅（207—271），俨然以恢复汉朝为使命。氐族人苻坚建立前秦，以华夏正统自居，因为"东南一隅未宾王化"[1]，所以急着发兵去攻打东晋，这才有了淝水之战。辽虽然起自少数民族，但认为自己也是炎黄子孙，以中国人自居。辽太祖（872—926）建国时，对外颁布"大中央辽契丹国"的复合国号，竟成为古代唯一国号中包含"中国"二字的政权。金太祖（1068—1123）提出"中外一统"的思想，一些在金朝出身的汉人知识分子，在诗文中认同金是"中国"、"天朝"和"汉家"。金朝海陵王完颜亮（1122—1161）在位时，曾写下"万里车书尽混同，江南岂有别疆封"[2]的诗

---

① 《晋书·苻坚载记下》。
② 完颜亮：《题临安山水》。

句，表达了对"大一统"的向往。

与这种正统观念相配套，大多数南下游牧民族建立的政权还重用汉族士人，建立太学和各级学校，采用九品中正制或科举制选拔官员。教育跟上了，思想就会变化，加上生活方式也向中原和内地靠拢，南下游牧民族在各个方面就逐渐"汉化"，最终融入中华民族的大家庭。

三是拓展者。

正是因为周边各个少数民族的参与，中华大一统的格局才得以不断拓展。当代学者赵汀阳提出"旋涡模型"：

> 由逐鹿中原形成一个旋涡，把各个部落都给卷进来。旋涡越卷越大，大家不能脱身，因为它是向心力主导的，所以中国就由小变大。中国一直分分合合，而这种分合运动，进一步加强了旋涡的吸引力。[1]

在赵汀阳看来，中原地区的向心力主要来自三个因素：一是汉字构成的精神世界，比如天命观念，这是最大的政治资源。二是天下观念，具有最大的普遍性，能够最大限度地覆盖各种多样性。三是农耕经济，因为中原和江南土地肥沃，农业技术发达。

按照赵汀阳的"旋涡模型"，在多种因素的作用下，周边各个民族都愿意主动跳进中原这个"旋涡"，通过分享其精神世界和天下观念，并以发达的农耕经济为基础，才能成为天下共主，而不仅

---

[1] 赵汀阳：《中国：一个内含天下的国家》，搜狐网，2017 年 3 月 15 日，见 http://www.sohu.com/a/128922722_120776。

仅是可汗或头领。①

　　在中国历史上，进入内地的少数民族政权都对大一统格局的拓展作出了自己的贡献，使其融入了新的要素。对今天而言，影响最大的"拓展者"，要数实现"大一统"的元朝和清朝。而二者之间的明朝，也为"大一统"作出了重要的贡献。

二、元朝与"大中国"时代的开启

　　自从公元 907 年唐朝灭亡，中国再度陷入另一种意义的"分裂"。北宋只是统一了大部分农耕区。在隋唐民族大融合的基础上，这种格局显然是不够的。据有漠北草原与幽云十六州的辽，以及占据河西走廊、河套平原的西夏，长期和北宋对峙，拥有东北和中原的金则和南宋长期对峙。这些政权并不是简单的草原部落，它们采用了中原的国家架构。直到 1279 年元朝统一，"分裂"局面竟然持续了 372 年。从那之后至今的七百多年，中国总体上维持了"大一统"的局面，没有陷入长时间的分裂。元朝再一次结束了长时期的分裂局面，拨正了"大一统"的历史航向，并且统合了西夏、金、南宋等地，开启了一个"大中国"时代。②

---

① 对旋涡模型的具体论述，参见赵汀阳：《惠此中国：作为一个神性概念的中国》，中信出版社 2016 年版，第 39—50 页。

② 关于元朝的具体贡献，可参考波音：《草与禾：中华文明 4000 年融合史》，中信出版集团 2019 年版，第 214—235 页。

（一）从"小中国"到"大中国"

在元朝之前，大多数王朝的名号，像魏、晋、宋、齐、梁、陈、隋、唐之类，都来自周代封国的名号。这意味着当时王朝的自我想象，源于对周代所开创的天下体系的创造性继承。元朝的国号，却与周代的封国无关。它源自《周易》"大哉乾元"四个字，这意味着一个更具有普遍性的、更为宏阔的新文化地理空间的开辟。此后的明清两朝，依然延续了元朝的这一做法，不再以周代的封国为自己的名号。[①] 此前以农耕为基本盘的周代的封国之名，已不足以用来指称一个更为宏阔的、融汇农耕区与游牧区的新的大一统格局。

和此前少数民族建立的政权相比，元朝的统治范围更大，统合力度更强。像北魏和金那样在中原站稳脚跟的少数民族政权，并不能有效控制漠北草原。占领幽云十六州的辽国，根基在东北，对漠北草原也只能采用羁縻统治，关系并不牢固。因此，那些南下少数民族建立的政权，恰恰会面对北方草原上其他后起少数民族的困扰和威胁，甚至因此而衰亡。而像匈奴、突厥等在漠北草原实施有效统治的汗国，却始终只在草原上打转，不能南下中原，最终因游牧经济的不稳定性而灭亡。相比之下，在漠北草原崛起的成吉思汗，采用千户、百户这种新的组织形式，取代了此前草原社会的氏族部

---

① 此处参考了杨平主持：《中华文明通论》，中央社会主义学院统一战线高端智库课题（课题报告编号：ZK20160310），第十一讲"清代：从大一统国家的新形态到近代的前夜"的研究成果。

落结构，打破了各部落的完整性和独立性，有效整合了草原力量，形成了新的极具战斗力的蒙古民族，同时还化解了后起草原民族南下的威胁。

在元朝之前，辽、宋、金以及此前的南北朝，无疑只算是"小中国"。秦朝只是统合了农耕区，汉朝、西晋和唐朝，曾经把西域纳入版图，但由于各种条件的限制，当时主要采取羁縻统治的方式。唐朝本有少数民族血统，曾经将草原上的突厥纳入版图，但是持续的时间只有二十多年，统合力度比较有限。相比之下，元代实现了中国游牧区和农耕区的首次全面统合，并首次将云南、贵州和青藏高原等少数民族地区正式纳入中国版图。① 正是基于元朝留下来的版图基础，后来的明朝和清朝才维持和延续了"大中国"的格局。

（二）行省制度：重塑央地关系

对于前所未有的广袤国土，如何进行合理的行政区划，避免地方割据和分裂？元朝采用了行省制度。

在元朝以前，地方行政区划的主导原则是"山川形便"：根据山川的自然形势，来划分地方行政区域。大致而言，一个以大山大河围成的相对封闭的自然地理单元，组成一个地方行政区域。如此一来，一个地方行政区域内民众的语言、风俗习惯、生活方式等比较相近，不用跨越山川之险，交流起来比较便利。但是，这也方便

---

① 参见张帆：《元朝开启了"大中国"时代》，澎湃新闻，2015 年 6 月 14 日，见 https://www.thepaper.cn/newsDetail_forward_1341436。

了那些想搞地方割据的野心家，容易对同心圆结构造成离心力。唐朝在安史之乱后之所以出现藩镇割据，就与唐朝采用这种行政区划原则密切相关。

除了"山川形便"，此前地方行政区划还有一个辅助原则叫做"犬牙交错"：有意让行政区划突破自然地理单元的限制，使不同行政区域相互之间的边界，像狗牙齿一样相互嵌入。比如，秦代特意让主体在岭北的长沙郡的桂阳县深入岭南，却让主体居岭南的象郡的镡城县越过岭北。后来，汉武帝之所以能很快打败在岭南独立的南越国，很重要的一个原因就是秦始皇留下的这个老底子。在元朝以前，犬牙交错的原则时有运用，但不占主导。

元朝行省制度最大的变化，是把原来作为行政区划辅助原则的"犬牙交错"，变成主导原则。这确实会给一些地区的人们带来生活上的不便。但这种局部性的不便，会带来整体性的收益，就是大一统国家版图内部各个地方行政区域的有效"咬合"，是对各个地区"离心力"的消解。正是基于"犬牙交错"，不同自然地理单元的人们，不得不在经济文化等方面加强交往交流，久而久之才能在人文层面实现有机的融合。

元朝行省制度的制度精神，更体现在"行省"二字上。

前代的郡、州、道、路、县等，其长官虽然由中央政府任命，其范围却有自身的自然地理属性。元代行省的划分则完全出自中央政府的行政意志。"行省"是"行中书省"的简称，意即"行走"的中书省，就是中书省在各个地方的驻派机构。元朝吸收了金朝相关制度的精髓，全面强调"行省"的权力源出于中央，强调由中央元朝时期，在南方，湖广行省以湖南、湖北为主体又越过了南岭而有广西；江西行省也越过南岭而有广东；江浙行省则从江南平原逶迤直到福建山地。在中部，河南江北行省把淮河南北合为一体。在北方，从黄土高原到华北平原、山东半岛，合起来归中书省直接管辖，太行山于是失去行政区划分界的意义。

派生出权力来管理地方，借以增强地方对中央的向心力。换句话说，元朝行省制度凸显的是纵向的"条条"，而不是横向的"块块"。对于"块块"内部，还要实行行政、财税和军事的分权，实行集体决策的制度。尽管元朝行省很大，但由于分权制衡，行省的权力能够做到"大而不专"。再加上"犬牙交错"，等于上了防止分裂割据的"双保险"。

元朝的行省制度，创立了一种以行省为枢纽、以中央集权为主、辅之以部分地方分权的新体制，使得中央与地方的权力结构发生了较大的变动，有效地化解了地方的离心力，增强了中央的向心力，对后世影响深远。省作为地方一级行政区划的名称，一直沿用至今。行省制度的制度精神，在今天依然发挥着或隐或显的影响力。

（三）交通与物流系统的升级

从唐朝中后期开始，随着江南地区的深度开发，中国的经济重心逐渐南移。但政治上长时间的分裂局面，让南方和北方逐渐成为相互隔绝的经济体系（此处说的"南北"，不是南方农耕区和北方游牧区意义上的南北，而是以长江、淮河为界，南方主要包括江南以及岭南，北方主要包括中原和草原）。实现农耕区统一的北宋，之所以把都城定在无险可守的开封，一个重要的原因在于当时需要通过运河转运江南的粮食供给首都，而开封则位于运河沿线。但是，随着北宋的灭亡，大致以江淮为界，南北经济又陷入分立状态达一百五十多年之久。双方往来大幅度减少，人们各过各的，用不同的货币，操不同的语言。长此以往，双方渐行渐远，对"大一统"极为不利。

元朝在政治上实现统一之后，必须解决南北经济长期分立的问题。解决该问题的关键一招，是把首都确定在大都。元朝承袭金朝在该地定都的做法，耗时二十余年营建都城。此后至今，北京在绝大部分时间都成为中国的首都。如果说开封位于江南和中原的连接线上，那么，北京则位于农耕区与游牧区的连接线上。在"大中国"的时代，这种定都的态势，对于统合农耕区和游牧区至关重要。

确定好都城之后，元朝以大都为中心，大搞基础设施建设。蒙古人清楚，军队的快速移动要靠马匹，但大宗货物的长距离运输，水运最划算——陆运的话，运量小不说，一番人吃马喂下来，运费甚至会超过所运粮食本身的价值。因此，必须修整大运河。在金和南宋并立的时候，大运河已经多处堵塞。元朝在今山东境内开凿250余公里的会通河，在京郊开凿164公里的通惠河，并疏浚、凿宽多处河道。一番修整下来，过去迂回曲折的航线被拉直，航程大为缩短。来自江南的运粮船,从当时的"一线城市"、南宋时的首都杭州出发,可以一直驶入大都的积水潭,以及今天的什刹海、后海一带。在元朝中后期,每年最多时有两三百万石粮食,从南方运抵大都。大运河,成为重新连接中原和江南的一条经济大动脉,在明清两代一直发挥着重要作用。

来自草原的蒙古人,在跨海征日本、爪哇的过程中认识到海洋的伟力。尽管征战没有成功,但海运却进入元朝的视野。在当时的南北运输线中,漕运比陆运节省百分之三四十的成本,海运则比陆运节省百分之七八十的成本。为了对接抵达大都的海运,元朝修通惠河连接直沽(今天津)港口。由此,大都不光连接江南的运粮船,还面向广袤的海洋,迎来东南亚、印度洋、西亚等各个地方的商船。这样一来,大都(北京)就不光位于农耕文明和游牧文明的连接线上,而且位于大陆文明和海洋文明的连接线上——明清以来,海洋文明对大陆文明构成全方位的挑战,正是在应对挑战的过程中,中国的"大一统"实现了现代转型。

同时,北起黑龙江和西伯利亚,南至西藏和越南、缅甸境内,西达草原绿洲,东抵大海,元朝建构了以大都为中心的、放射状的道路交通网络。根据当时一些外来旅行者的记录,"忽必烈的'王道'在宽广的公共道路两侧挖掘有水流通的沟渠,在彼处种植白杨或柳树等树木,从两侧打造了覆盖公共道路的凉爽绿荫"。①

在货币方面,元朝初期一方面学习了金朝发行纸币的经验,另

---

① [日]杉山正明:《忽必烈的挑战:蒙古帝国与世界历史的大转向》,周俊宇译,社会科学文献出版社 2013 年版,第 158—159 页。

216

一方面也吸取了金朝滥发纸币导致恶性通货膨胀的教训，通过控制货币发行数量、设置金银平准库、完善货币回收等制度以及严格打击伪币的货币法令，保证纸币的币值。元朝以金银和绢为储备发行纸币，在世界货币史上拔得头筹；而中国历史上全面使用纸币的朝代，元朝也是独此一家。

普遍的境内和平，四通八达的陆路、水路和海路交通网络，加上纸币的大范围使用，使得商业活动得以普遍开展，物资的流动变得更为便捷和频繁。大一统帝国的内部交流，由此得以不断深化。

（四）横跨亚欧的贸易大循环

蒙古帝国塑造了横跨亚欧的贸易大循环，把中国嵌入更大的世界经济体系，增强了"大中国"的外部联系。

在元朝的西边，蒙古人还建立了察合台、钦察、伊利以及窝阔台等汗国，这些汗国同属于蒙古帝国，名义上也是作为蒙古帝国大汗的元朝皇帝的藩属，和元朝之间相互有驿路连接。在这些横跨亚欧大陆的驿路上，每隔30到50公里，设置有配备专门人员的驿站。驿站为过往的商旅提供补给用品和运输用的马匹与骆驼，地形复杂的地方还配有向导。

宋朝已经有比较发达的民间海外贸易。在宋朝航海技术的基础上，元朝把触角伸向南方的海洋，打通了从南海到印度洋、再到中东的海上通道。甚至有人有些夸张地认为，印度洋几乎已经变成元朝的"内海"。元朝还在泉州等沿海港口城市设置市舶司，对海外贸易进行管理和推动。

这样一来，蒙古人分别打通了陆上和海上丝绸之路。在此之前，由于政权的分割和匪盗的横行，这两条路虽然存在，但风险系数很大，转运成本较高。元朝领导下的蒙古帝国，把此前的障碍一股脑儿扫除，在陆海两个方面，为亚欧大陆的经济文化交流提供了普遍的公共安全和公共服务。蒙古帝国较低的一次性关税（有人认为只有3%），更是大幅度降低了物资的转运成本。

当时有欧洲人记录说，从意大利搭船到黑海，经过克里米亚半岛在塔纳上陆，接下来再往东方去就是蒙古的世界。那里不会像欧洲那样在路上遇到劫匪或强盗，利用马车可以在借由公权力整备的公共道路上安全又舒适地旅游。①

在中国历史上，大多数中原王朝都把农业视为国本，担心商业太繁荣会导致人们不务正业，败坏社会风气，因此大多推行不同程度的"重农抑商"政策。来自草原的元朝，却完全不理会这些观念，张开双臂去拥抱商业。宋朝虽然商业也发达，但主要是民间在参与。到了元朝，作为统治阶层的蒙古贵族积极参与商业，甚至发挥主导作用。

当时，蒙古贵族做"股东"出资，善于经商的中亚色目人尤其是穆斯林商人当"经理人"，以"斡脱"为"公司"组织形式，以白银为通货，以中国农耕区的生产能力为依托，以蒙古帝国的驿路和航道为基础设施，以蒙古帝国在广袤范围内提供的公共安全为秩序保障，一个横跨"世界岛"——亚欧大陆的世界经济体系，被初

---

① ［日］杉山正明：《忽必烈的挑战：蒙古帝国与世界历史的大转向》，周俊宇译，社会科学文献出版社2013年版，第240页。

步打造出来。甚至有人开玩笑说，元朝就是 13 世纪的"阿里巴巴"。欧洲人后来"意外"发现美洲，可以说是在元朝打造的世界经济体系基础上的重要延续和补充。

三、明朝"大中国"格局的维护和深化

到元朝后期，小冰期导致天灾频繁，面对财政紧张的状况，元朝政府未能抑制滥发纸币的冲动，造成了严重的通货膨胀。本来政治上蒙汉之间尚未实现充分整合，经济上又陷入崩溃，于是民变四起。经过群雄逐鹿，最终朱元璋建立明朝。明朝基本上维持了元朝在"大一统"方面开拓的成果，保持和深化了"大中国"的基本格局。

（一）承认元朝正朔的政治智慧

元朝是少数民族建立的政权，且实行过一些民族歧视的政策。在灭元的过程中，朱元璋曾站在汉人的立场，以"驱逐胡虏，恢复中华"为口号进行政治动员，确实收到了凝聚民心的效果。

等朱元璋灭掉元朝，有大臣在朱元璋面前贬低元朝皇帝，本以为会龙颜大悦，却招来一顿臭骂：元朝入主中

> **知·识·链·接**
>
> 惟我中国人民之君，自宋运告终。帝命真人于沙漠，入中国为天下主，其君父子及孙百有余年，今运亦终。（郎瑛：《七修类稿》卷十三）

国近百年，我们的父母都在元朝的庇护下生活，怎能出言如此轻薄浮躁！朱元璋还明确承认元朝曾经获得天命，是正统王朝中不可或缺的环节，把元朝皇帝的牌位置于历代帝王庙中恭敬地祭祀，还下令修订元史。

在元朝之前，尽管有少数民族入主中原的许多先例，但汉人政权总能偏安一隅，勉强作为"正朔"的代表。而元朝是第一个全面统一中国的少数民族王朝，如何对待元朝的正统性，对于明朝而言是一个全新的时代课题，也是一个大难题。如果否认元朝的正统性，只能转而承认宋朝是唯一的正统，这就意味着还要从宋朝的皇子王孙中找一个人出来，替老朱家做皇帝！更重要的是，很多在元朝地位尊崇的蒙古人、色目人已经在中国生活多年，如果否认元朝的正统性，等于否定他们及其祖辈此前生活的意义，他们如何肯对明朝心服口服呢？所以，尽管朱元璋在反元的时候以民族旗帜进行过政治动员，但是待到天下既定，则必须以承认元朝的正统性为前提，将元亡明兴纳入王朝更迭、天命转移的历史叙事。如此一来，老朱家的皇帝之位才能坐得理直气壮；那些生活在元朝的人们，尤其是色目人、蒙古人等少数民族，才能承认元朝"气数已尽"的既成事实，转而认同明朝的正统性。只有这样，明朝才能转入常态化治理，才能避免不同人群的撕裂之患。"大一统"的正朔，才能获得一以贯之的延续性。

当年，朱元璋的军队本可以活捉元顺帝（1320—1370），但两次命人故意放水，任其率众逃回草原，让北元还残存了好多年。朱元璋曾派人去招降元顺帝，汉文水平较高的元顺帝还作了一首诗，说"王气有时还自息"，"信知海内归明主"①，等于承认了明朝的合法性。元顺帝死后，朱元璋认为他"知顺天命，退避而去"，逃离大都时没有做放火烧城的糊涂事，给了他一个"顺帝"的谥号（北元方面的谥号叫"惠宗"）。打仗归打仗，该给的面子，相互都要给足，双方底下的一大帮人马也才能相安无事，避免再起战端。

从打江山时的"排蒙"，到坐天下时的"尊元"，看似前后矛盾的两种做法，其实蕴藏着巨大的政治智慧。这既是政治家的战略眼光，更是中华文明的根性使然。

（二）维系"大中国"的整体态势

在明朝之前，汉人王朝很难长期统合农耕文明之外的区域。明朝在元朝版图的基础上，在东北设立奴儿干都司，在西藏设立乌思藏都司，下面还设立卫一级的行政单位，对这两处地广人稀的地区实施行政管理。对于云南等少数民族地区，直接设立省级建制（当时叫布政使司）。限于这些地区当时的社会经济状况以及交通通讯条件，这种治理的程度还不能和对内地的行政管理相提并论。在朝廷派出少量主官之外，更多还要靠对当地原有势力予以任命或册封。但是更应看到的是，这些此前属于汉人王朝行政视野之外的地区，在明朝时期继续被纳入"大中国"的版图范围。

在北方，北元分裂为鞑靼和瓦剌，后来遭遇更严重的分裂，蒙古草原重新回到部落状态。在这个复杂的过程中，明朝与蒙古方面

---

① 元顺帝：《答明主》，载陈衍：《元诗纪事》卷一。

时战时和，分而治之，总体来讲和平的时候更多。明朝对很多部落予以政治上的册封，让他们成为大明的"王爷"。在蒙古各部纷争的情况下，一些蒙古部落的大汗和权臣，甚至争先恐后地向明朝称臣朝贡。不被允许朝贡的，还流露出深深的失落感。朝贡之外，双方还通过互市的方式，保持密切的经济联系。作为曾经入主中原、统一中国的族群，蒙古各部此时仍然具有一种对"中国"的底层认同。

（三）改土归流：族群整合的深化

在北方游牧区和南方农耕区的总体划分之外，西南、西北和中南的部分地带还分布着一些主要从事山地农耕的少数民族。由于崇山峻岭密布，山川阻隔、交通不便，他们与中原和江南的人们在生活方式上存在一些差别。

秦汉在这些地区设郡，但更多是通过对少数民族首领授予"土官"头衔，进行间接治理。唐朝设置过一些羁縻州县，任命当地酋长为国家官员，但统合力度不够，因此容易反复，在云南还出现过南诏、大理等地方政权。元朝虽然总体上在这些地区设置了行省，有利于中央政令的畅通，但在具体的治理方式上，还不得不实行"土官制度"，任命当地土司进行地方治理，土司职位大多世袭。由于"山高皇帝远"，一些土司成了"土皇帝"，不仅残暴统治辖区内的少数民族，相互之间老是干仗，还不服中央的"大皇帝"管辖。明朝初年，限于当时的整体形势，不得不延续这种土司制度，元朝时代留下的问题依然不断重演。

另一方面，从汉朝开始，就有汉人不断迁入这些地区。元朝和明朝时期，大批汉人陆续迁入，与当地少数民族相互通婚、融合，还形成一些新的族群，汉语也在日常生活层面不断普及。历代王朝在这些地区设立学校和文庙，推行儒家教化。于是，在语言和文化方面，这些地区也逐渐向内地靠拢，中原儒家文化逐渐成为其主流意识形态。

到明朝中后期，在一些条件比较成熟的地区，中央政府推行"改土归流"方针。顾名思义，就是把"土官"改成"流官"，取消土司世袭的制度，设立各级地方行政单位，派遣官员进行内地化的直接治理。这些官员都由明朝政府任命，且和内地的官员一样，具有一定的任期，时间一长就要换人，因此称作"流官"。这样一来，横亘在民众和朝廷之间那些"土皇帝"，就慢慢被打掉了。当然，鉴于各个地区社会经济和文化状况的复杂性和不平衡性，"改土归流"的过程还是比较缓慢和慎重的。

（四）朝贡体制：维系周边地区的和平秩序

明朝之前，蒙古人缔造了一个横跨亚欧的大帝国，靠武力保障长期的和平，而元朝成为各方势力共同尊奉的宗主。作为农耕区兴起的政权，明朝无法达到蒙元盛时的武力，但又需要保持中国作为宗主国的地位，承担维持周边和平的大国责任，只能靠政治和经济的方式——这也是农耕文明更加擅长的方式。这个方式强调"怀柔远人"，而怀柔意味着，靠的不是武力，而是文化。

文化需要讲道德和礼仪，但这些东西，"远人"们未必一下子能弄明白，那就"厚往而薄来"，给他们利益和好处，先让他们愿意来。来了之后，想获得这些好处吗？没问题，但得接受明朝的册封。册封的封号，也有不同的等级，而等级的区分，意味着秩序的建构。册封未必是虚名而已。孔子特别重视"正名"，有了"名"，大家就被纳入一个政治意义空间，用这个"名"去规范"实"。比如，"远人"们得根据自己的"名"，去专门的机构学习相应的礼乐，学好了才能去见皇帝。一套程序下来，中华的礼乐，在这些"远人"的身上逐渐实现"肉身化"——"中国有礼仪之大，故称夏；有服章之美，谓之华"①——所谓"华夏"的本义，原来并不那么玄妙幽深，而是看得见、摸得着的，首先和举手投足、穿衣打扮息息相关。当身体和行为得到规范，再来谈更抽象的道德、天理等问题吧！久而久之，所谓的"远人"们能够体会到中华的文化软实力，大家在心灵上就能够走得越来越近。

当然，光靠软实力是不够的，硬实力才是保障，这就是明朝强大的国力。当时没有各国国民生产总值、军力实力之类的统计数据，因此国力需要通过可视化的途径展示出来。郑和（1371？—1433？）下西洋就是一种非常直观的展示。早在15世纪初，郑和的船队，动辄几百艘大船、几万名人员在海上组成编队，浩浩荡荡。相比之下，到15世纪末16世纪初，哥伦布、麦哲伦（1480—1521）等人的船队，不过三五艘帆船，一二百名水手。和西方殖民者不同的是，郑和率领的当时世界上规模最大的船队，没有成为侵

---

① 孔颖达：《春秋左传正义·定公十年》。

略和殖民的虎狼之师，而是主要用来宣示明朝的国威。中国人讲究
“止戈为武”——自己虽然拥有强大的武力，但其目的却在于制止
各种滥用的武力所带来的混乱，靠威慑力维持住和平的秩序，尽量
不去动武。这也是一种深刻的中华智慧。庞大而复杂的船队，更显
示出明朝强大的制造业和财政能力。当时，很多沿线的小国纷纷派
使节搭乘郑和的船队，前往明朝朝贡。通过郑和的航海事业，明朝
的影响力深入到爪哇、马六甲海峡和锡兰等区域，这是连此前强悍
的蒙古帝国也没能做到的事情——正是在这种海洋秩序下，巨港与
马六甲才相继崛起，成为南洋的黄金港。

对于朝贡体制，不能目光短浅地只算经济上的小账，更要算
政治上的大账：一个负责任的大国，如何与各个小国和平共处？如
何力所能及地看护周遭世界的和平与稳定？和平与稳定，就像空气
一样，拥有的时候觉得理所当然，一旦失去了才知道不可或缺。当
时，欧洲乱成一锅粥，各个国家之间争斗无数，而东亚及东南亚
地区之所以能维持长期的和平与稳定，主要在于中国这个“定海神
针”。当然，和平与稳定不是光靠册封、赏赐就能高枕无忧。明朝
万历年间，丰臣秀吉（1537—1598）统一日本后，两次率兵攻打作
为明朝藩属国的朝鲜，都被明朝派军队入朝硬生生打退。朝鲜真诚
地感激明朝“再造藩邦”，日本人则在此后三百年不敢觊觎中原。

即便从经济角度来讲，朝贡也有其积极意义。明朝前期和中
期，为了防范东南倭寇，禁止民间的海外贸易。而在朝贡中，有所
谓“正贡”和“附贡”，后者就是使团从海外带来的私货，其数量
远远大于“正贡”。这些私货是免税的，且被允许和中国商人进行

交易。因此，在 1567 年"隆庆开关"、解除海禁之前，官方认可的朝贡也具有海外贸易的替代功能。

15 世纪末西方地理大发现之后，美洲的发现使得欧洲人的世界视野极大地打开，实力逐渐上升。而朝贡体制的惯性，却让中国一时间没能走出"天朝上国"的自我感觉。当时，世界已经变化，亟需中国人"睁眼看世界"，但这个睁眼睛的动作，慢了好几拍。这确实值得反思。不过，如果以此为理由，来否认地理大发现之前就早已长期存在的朝贡体制的积极意义，那也只是一种"事后诸葛亮"式的傲慢与偏见罢了。

四、清朝对大一统格局的全面整合

明朝中后期，随着人口增加，土地兼并日益严重。接连出现的昏庸、懒政的帝王无心或无力扭转局面，宦官专权、特务横行和文官党争使得明朝走向没落。女真（满洲）在艰难的生存环境中崛起于东北，通过八旗制度整合境内的女真各部和其他各个民族，建立后金政权（后改名为"清"）与明朝长期交战。又一次小冰期导致天灾频繁，明朝失效的治理体系无力应对危局，遂亡于农民起义。清军趁乱入关，最终统一全国，为中华"大一统"做出突出贡献，对今天的"大中国"具有深刻的影响。

（一）华夷之辨：种族意义的消解

在中国古代，由少数民族建立的大一统王朝，只有元朝和清朝。相比之下，元朝的一统局面维持了不到百年，而清朝却维持了两百六十多年。差异的根本原因，在于元朝统治者未能充分融入中原文化，而清朝统治者则通过对"夷夏之辨"的厘清，比较成功地处理了少数民族入主中原的正统性问题，成为中原文化的积极学习者。

顺治皇帝（1638—1661）在北京登基称帝的第二天，就任命孔子六十五代孙袭封衍圣公。顺治二年，清廷给孔子上封号，摄政王多尔衮（1612—1650）还亲自到孔庙致祭。康熙皇帝（1654—1722）以天子之尊，亲自到儒家圣地曲阜，向孔子像行三拜九叩大礼。儒家道统竟然受少数民族统治者如此尊崇，让中原士人内心颇受震动。

雍正皇帝（1678—1735）时期，曾静（1679—1735）等人受吕留良（1629—1683）思想影响，从事反清复明的活动，被清廷抓起来。清廷查抄了曾静平时写的书，里面宣扬基于地域和种族的"华夷之辨"。曾静认为，只有在中正之地出生成长的人才配称为人，四周偏远邪僻之地的人只能叫夷狄，就离禽兽不远了。雍正皇帝看到这些论述，出人意料地没有把曾静一杀了之，而是和这位囚犯打起笔墨官司来。

雍正皇帝很有底气地说，清朝并不避讳"夷狄"这个名词，但所谓"夷狄"只不过是一种籍贯的称呼而已。华夏和夷狄本来是一家，何须相互区隔！作为儒家亚圣的孟子，就说过舜和周文王这些古代圣王原本也是夷狄出身。清朝之所以兴起，根本的原因，在于明朝失德，而清朝顺天应人，体道崇德，完全符合儒家所宣扬的

"大义",配得上中华之正统。与这种"大义"相比,斤斤计较于种族出身,反倒显得思想上犯迷糊。雍正皇帝把自己的这些观点和曾静的供词合在一起,编出一本《大义觉迷录》,大大方方地在全国刊行,成为官员们的学习材料。雍正皇帝故意留下曾静这个活的反面教材,让他去各地巡回演讲,现身说法。

在《大义觉迷录》中,"以地判物"的陈腐之见,被雍正皇帝用"以德配天"的儒家逻辑所取代,而"华夷之辨"中的种族意涵也被"籍贯"二字轻轻消解。既然华夷都是一家,强分彼此,还有何意义呢?儒家强调"德",即便是少数民族建立的王朝,只要有德就足够成为中华正统。

正是在"华夷一家"理念的指引下,清朝全方位地学习和整理中原文化以及各民族文化,造就出一个宏阔的文化格局。同时,清朝也不忘满族的文化根本。清朝的皇子,一方面要全面学习中原文化的经史子集、诗词歌赋和琴棋书画,但另一方面还要严格学习满语、蒙语,操练弓箭骑射之术,以保持自身的"野蛮精悍之血",避免重蹈此前少数民族入主中原后迅速腐化堕落的覆辙。

(二)历史"窗口期"的疆域统合

当今很多人对清朝的印象,可能就是不断地割地、赔款,丧失大片疆土。实事求是地说,这是清朝后期出现的情况。不可否定的是,在其前期和中期,清朝在危机四伏的国际形势下,为中国的疆域版图做出了巨大的历史贡献。

明朝灭亡四年后的 1648 年,经过三十年战争的欧洲各国,终于坐在一起签订《威斯特伐利亚条约》，所谓现代民族国家的格局由此奠定。此前，帝国、王国、公国等政治实体的疆界具有一定的模糊性；此后，主权国家通过复杂的博弈，靠国际条约确定彼此的明确疆界。与该条约互为表里的，是西方各国在全世界疯狂地"跑马圈地"。实际上，随着地理大发现带来的世界视野的扩大，西方殖民者早在明朝后期就已经开始染指中国的周边。在北方陆地一线，俄罗斯的势力扩张到西伯利亚，甚至到黑龙江流域活动。在南方海洋一线，荷兰占领台湾，葡萄牙占了澳门，英国和法国的殖民者已经开始在印度活动。

当此之际，中国内部是什么状况？明朝后期疆域收缩，主要控制着农耕区；蒙古各部占据北方草原，东北有女真各部，西北有东察合台汗国，青藏高原上有一些大大小小的政权。明朝灭亡时，内地还有李自成（1606—1645）、张献忠（1606—1647）等率领的农民军，有南明的一系列割据政权。如果任由这种内部分裂的局面持续下去，西方殖民者进入之后，通过扶植一方对付另一方，让自己人打自己人，最终就能够"分而治之"，把中国变成殖民地并掠夺其各种资源。

如果分裂成为现实，如果边界通过国际条约变得刚性化，再想实现疆域统合就会难上加难。在历史的节骨眼上，清朝兴起，客观上抓住了难得的历史"窗口期"，气势如虹地实现了中国疆域的全面、有效统合。几乎在每一个方向上，清朝都做了艰苦的努力。

在北方，清朝在入关之前本已经设置"蒙古八旗"，与一些蒙古贵族结成联盟。后来，清朝几次与叛乱的噶尔丹（1644—1697）

部交战，最终在康熙年间统一内外蒙古，设乌里雅苏台将军、科布多参赞大臣和库伦办事大臣进行统辖。

在西北，经过康熙、雍正、乾隆三朝前后七十多年的努力，在乾隆年间彻底平定准噶尔叛乱以及大小和卓叛乱，收复西域地区，设置伊犁将军作为最高军政长官，并设置总理回疆事务参赞大臣管理回部。乾隆皇帝以"故土新归"之意，取名为"新疆"。到清朝晚期，中亚浩罕汗国的阿古柏（1820—1877）在沙俄和英国的支持下入侵新疆。已经内外交困的清朝仍能派左宗棠（1812—1885）出兵收复新疆，此后还设置新疆省。

在西南，康熙年间清军入西藏，雍正年间设驻扎西藏办事大臣，掌前后藏的军政。清朝还通过一系列措施加强对西藏的管辖力度。乾隆年间，清军击退廓尔喀对西藏的侵略。另外，在四川西北部的大、小金川流域，当地土司曾抗拒朝廷管辖。乾隆年间，通过数年苦战，最终彻底平定大小金川叛乱。

在南方，云南、贵州、广西等地历来为土司统治。清朝延续了明朝"改土归流"的政策，在一些少数民族地区大规模清查户口、丈量土地、征收赋税、广设学校并建立城池，进一步完成了"内地化"的进程。

在东南，清朝在康熙年间派兵入台，割据台湾的明郑政权投降，台湾得以统一。清朝设置分巡台厦兵备道及台湾府，隶属于福建省。

在东北，清朝分别设置盛京将军、吉林将军、黑龙江将军，管理自己的"龙兴之地"。面对沙俄在东北的扩张和侵略，清朝发动雅克萨之战，收复大片失地。此后，清朝与沙俄签订《尼布楚条约》，划定了中俄两国的东部边界，从法律上确立黑龙江和乌苏里江流域包括库页岛在内的广大地区属于中国。

18 世纪初，清朝动用国家力量，结合西方测绘技术和本土绘图思路，进行规模空前的地图测绘。经过十年的努力，绘制出《皇舆全览图》，精确度远超前代。此后，随着疆域的拓展，该图不断被补充修改，乾隆年间更名为《乾隆内府舆图》。清朝还历时多年编撰《大清一统志》，记载山川地貌、政区民情等，以服务国家治理，彰显一统之功。1842 年，《嘉庆重修大清一统志》编纂完成，这是康、雍、乾三朝百余年来疆域拓展的最终成果，几乎是中国传统疆域的最大范围。

清朝奠定了现代中国的版图基础，这是一个了不起的贡献。当中国近代以来进入民族国家体系，才能在法理层面继续保持广袤的版图，为中华民族的整体存续获得难得的战略空间。

（三）长期有效治理下的人口优势

一个朝代，要出一两个优秀的皇帝并不难，难的是一直出中等以上的皇帝，且基本上不出不及格的皇帝。可以说清朝做到了这一点。和大多数朝代比起来，尤其是和之前的元朝、明朝相比，清朝皇帝的素质整体比较高。究其原因，在于清朝吸取明朝中后期皇子教育废弛导致皇帝昏庸懒政的教训，高度重视皇子教育，几乎达到严苛的地步。皇子们要学习多种文化：儒家文化教会其仁爱与韬略，满族文化培养其勇武与奋进，蒙古文化熏陶其高远与大度。治理一个超大规模的多民族国家，需要这种综合素质。

皇帝的综合素质，使清朝执政集团在较长时期维持了较高的治理能力。最典型的数康熙、雍正、乾隆三朝，几代皇帝不断接力，维持了一百三四十年的"盛世"，长期保持社会总体稳定，在中国古代的社会治理中可谓无出其右。生活在同一时期的法国启蒙学者伏尔泰（1694—1778）称中国是"举世最优美、最古老、最广大、人口最多而治理最好的国家"①。

伏尔泰所说的"人口"这个指标，正是在这期间逐渐增加起来的。

在古代农耕社会中，人口意味着劳动力，劳动力意味着竞争力。据历史学家估算，由于土地的承载能力有其限度，中国古代的人口增长极限，大概是一亿的实际人口——由于有瞒报现象，反映到户籍人口大概是六千万。比如，汉宣帝、宋仁宗和明神宗时期，基本上都是六千万户籍人口的巅峰值。一旦超过这个数，马尔萨斯定律就会发生作用，社会矛盾四起，最终全面崩盘。战乱带来人口锐减，然后开始新的循环。

从户籍人口看，清朝入关初期大概是四千万，雍正年间突破一亿，道光年间竟然达到四亿，占当时世界人口的三分之一。不仅远超六千万户籍人口的"魔咒"，且清朝还继续支撑了六七十年才灭亡。之所以如此，雍正时期的"摊丁入亩"政策是一个重要的诱因。

所谓"丁"是"丁银"的简称，即人头税。这是一个持续两千

---

① ［法］伏尔泰:《哲学辞典》，王燕生译，商务印书馆1991年版，第91页。

多年的税种。因为有人头税，老百姓在生孩子之前就得掂量自己是否交得起多出来的一份税。如果不想交人头税又想多生孩子，就只能隐匿户口。历代之所以户籍人口严重缩水，根子就在这里。雍正皇帝下令，朝廷主要按耕地面积征收所得税，两千多年的人头税就此取消。如此一来，信奉"多子多福"的中国人就更有生育愿望了，也没必要瞒报户口。

另外，明朝后期从美洲引进的红薯和土豆、玉米等高产农作物，使得同样面积的土地能够提供数倍于传统农作物的产出，养育更多人口（甘薯亩产可高达上万斤，晒干后达三千斤左右；而当时的高粱、谷子等亩产不足五百斤）。清朝政府也比明朝政府更勤快，在全国大力推广这些高产农作物，还对黄河、淮河、海河等河流进行比明朝更有效的治理。再加上超长期和平稳定的社会环境，人口数量就大幅度增加了。

人口增长确实带来一些资源、环境压力，但当时奠定的"四万万中国人"的人口规模对中华民族的整体生存意义重大。鸦片战争后，西方列强不断入侵中国。超过四亿的人口体量，让列强难以瓜分中国。面对日本的侵略，清朝留下来的庞大的人口规模及地理空间，是中国得以用持久战拖垮日本的重要条件。今天的中国，之所以成为"世界工厂"，也与"人口红利"密切相关。

（四）边疆国土的深度开发

清朝入关后，满族大量迁入中原，客观上打破了满汉之间的地域界限，二者逐渐形成交错杂居的局面。在大一统的局面下，少数民族的王公贵族和商旅经常往来于内地和边疆之间，社会经济交流日益频繁。

随着内地人口的增加，朝廷还出台政策，鼓励人们向人口密度相对较低的边疆地区移民，而从美洲传来的高产农作物可以在山区种植。于是，大量移民从内地平原地区涌向靠近边疆的山区，与当地的边疆少数民族深度融合，云南、贵州和广西等地加速了和内地社会经济一体化的进程。另外，清朝延续了明朝的移民实边和屯田戍守政策，并将其推广到统一后的新疆地区。大量内地各族军民迁移到天山以北，修建了大量水利灌溉工程。于是，以前被认为不适合耕种的"苦寒之地"，也得到有效的屯垦。除了驻军和农民，还有大量工匠、商贾也进入这些地区，为今天新疆一系列城市的形成和发展奠定了基础。

从清初到道光朝中叶，内地大量移民进入边疆地区。据统计，关外东北地区至少有移民150万人，蒙古地区移入约100万人，新疆地区迁入约50多万人，云南、广西合计迁入二三百万人，台湾迁入约150万人。至鸦片战争前后，内地共约七八百万人迁移到边疆和海岛。① 随着内地先进农业生产技术的传入，边疆地区尤其是边远山区原有的生计方式和经济结构得以调整和改善，边疆地区更深地嵌入以中原地区为圆心的政治、经济和文化体系之中。

---

① 参见马汝珩、马大正主编：《清代的边疆政策》，中国社会科学出版社1994年版，第102—103页。

五、清朝的"统战"艺术

清朝为什么能有效统合分布着不同民族的广袤疆域，并让各民族和谐相处？这就要专门讲到清朝的"统战"艺术。

（一）对汉人群体：守护文明与礼教

清朝入关后，对于自己的"前任"明朝，表现出极大的尊重。多尔衮下令所有官民人等为崇祯皇帝（1611—1644）服丧三日，效果是"官民大悦"。顺治时期，在李自成给崇祯皇帝修的简陋陵墓的基础上，清朝继续给崇祯皇帝维修陵墓，并定期举办祭祀。一直到乾隆时期，前后维修好几次，才有今天人们看到的"思陵"。顺治皇帝还给崇祯皇帝树碑立传，表现出极大的尊重。对于明朝的旁系宗室皇族，清朝派官府查证清楚之后，都会给予抚恤和赡养，于是北方那些朱姓皇族大多偃旗息鼓了。

康熙皇帝六次南巡，每次都特意去拜谒明太祖朱元璋的陵墓，郑重其事地行三拜九叩的大礼。江南士人看到这位少数民族出身的皇帝，竟然能够如此尊重前朝开国皇帝，心理隔阂减去不少。康熙还开博学鸿词科，把那些对清朝有对立情绪的读书人吸纳到朝廷，给足待遇，让他们根据《明实录》修《明史》。等他们看完足够的史料，弄明白明朝灭亡的原因，和清朝的对立情绪反倒减少了，有些人甚至改弦易辙，成为朝中重臣。誓死拒绝受聘清廷的黄宗羲（1610—1695），也把自己最优秀的学生万斯同送来参加修《明史》，同时还贡献了自己珍藏的文献资料。那些对前朝怀有深厚感情的士人，看到新朝如此费心地修前朝之史，能够对他们及其先辈在前朝经历的人和事有一个妥善的交代，内心受到的触动可想而知。

今天一些人受影视作品的影响，认为乾隆皇帝六次下江南，主要的活动不外乎赏美景、尝美食，甚至拈花惹草。这远非历史之实情。清朝入关后，曾经在江南欠过不少血债，士人和老百姓在内心和清廷有深深的裂痕。但是，几代人过去了，仇恨不能一直持续下去，更不能变成国家的离心力。怎么化解仇恨？皇帝亲自送上门来，对前来接驾的老臣嘘寒问暖、赏赐珍品，对接驾的官员大加赏赐，甚至让当地一些受过处分的官员恢复原职。有些话，高高在上的皇帝自然不方便明着说，但潜台词大家也心知肚明：祖上的仇恨，就别再计较和纠缠了，谁家一开始没有一些磕磕绊绊呢？日子还得过下去！一切向前看，如今大家都是一家人，一起好好过日子吧！不过，世仇不是一时半会儿就能化解的，没关系，那就多来几次吧！爷爷辈的康熙来了六次不够，中间雍正工作太忙死得太早没来成，孙子辈的乾隆继续来六次，够不够？既然是世仇，那就靠世代努力来化解吧！

这些事情汉人都看在眼里。清朝统治者虽然是少数民族，但一来尊重汉人之前的朱皇帝，二来尊重汉人心中的孔圣人，三来还一次次登门拜访，四来还用"华夷一家"和汉人套近乎。于是，汉人逐渐真心实意地参与国家政权。到后期，清朝经历两次鸦片战争、咸丰皇帝出逃热河、首都北京都被外国人占领，内部还有太平天国席卷半个中国，整个清朝风雨飘摇。为什么以曾国藩（1811—

1872)、胡林翼（1812—1861）、李鸿章（1823—1901）、左宗棠等人为代表的汉族士人，会坚定地站在清廷一边，去镇压汉人领导的太平天国，去"师夷长技"、领导洋务运动并实现同治中兴？因为对以中兴名臣为代表的汉族士人而言，种族的差异是次要的，文明的守护才是主要的。在他们眼里，清廷尽管来自"夷狄"，但前面两百多年的历史已经证明他们是中华文明和传统礼教的守护者。清朝后期汉族士人这种共识的形成，恰恰是其前中期所做的"统战"工作结出的硕果。

（二）理藩院：从羁縻到内政

对于各个少数民族的事务（当然满族除外），清朝早在入关之前的皇太极时期，就设立了一个专门的管理机构——"理藩院"。后来，六部、督察院和理藩院合称"八衙门"，成为清朝中央一级的最高行政机构。不过，理藩院只是执行机构，而具体的决策部门，前期是议政王大臣会议，后期是军机处，足见清廷对于少数民族事务的重视。

在清朝之前，对少数民族地区的管辖，主要依靠介于"治与不治"之间的羁縻制度。对于少数民族地区的事务，主要由礼部负责，并不将其完全作为内政。而清朝理藩院最大的不同，在于把对"藩部"即少数民族地区的治理当做内政来处理，并且在制度化水平上远远超过元朝设立的总制院和宣政院。①

---

① 参见张志强：《超越民族主义："多元一体"的清代中国——对"新清史"的回应》，《文化纵横》2016 年第 2 期。

清朝制定的民族法规，包括适用于蒙古各部的《蒙古律例》，适用于宁夏、青海、甘肃等地边缘族群和汉语穆斯林的《西宁青海番夷成例》、《回律》，适用于新疆塔里木盆地的《回疆则例》，适用于西藏的《禁约十二事》、《酌定西藏善后章程》、《钦定藏内善后章程二十九条》，适用于南方"苗疆"的《苗汉杂居章程》、《苗民禁婚令》，等等。

这种制度化水平的提升，集中体现在一系列民族法规的颁布。针对蒙古、西藏、新疆、青海等少数民族地区，理藩院制定共同适用的《理藩院则例》。清朝还采用"因俗而治"的原则，根据不同民族和地区的具体情况，制定不同的民族法规。由此，清朝民族事务管理走上法制化、规范化的轨道。

清朝还用一系列因地制宜的"统战"政策，统合各民族、各地区。

（三）对藏传佛教：扶持与管理

藏传佛教是印度传来的佛教与青藏高原上的苯教相互结合的产物，为高原上生存环境恶劣的人们，提供了精神上的慰藉和归属感。蒙古人原本信奉比较原始的萨满教，靠巫术来趋吉避凶。在征战的过程中，蒙古贵族逐渐接触到比萨满教更成熟的藏传佛教。为了适应更为广袤的帝国的需要，忽必烈（1215—1294）尊奉藏传佛教萨迦派的八思巴（1235—1280）为国师。由此，蒙古的政治和藏区的宗教实现首次的结合。

不过，很长时期内，藏传佛教主要在蒙古上层社会流传。明朝时期，北逃的蒙古贵族虽然在草原上建立北元，但逐渐回到部落相争的状态。藏传佛教原本分成许多派别，相互之间多有斗争。为了在各自的内部斗争中取得优势，一些藏传佛教派别和一些蒙古部落形成结盟关系，教派首领和部落首领互赠封号：前者用后者的封号来增强自己的政治背景，后者用前者的封号来获取自己的神圣光环。一旦皈依某教派，部落首领还将为该教派提供物资供养，并支持该教派在自己部落传教。藏传佛教本来在心灵归属方面比萨满教有更充分的供给，这样一来就逐渐在蒙古普通百姓中流传开来。于是，在双方各自有内部纷争的情况下，蒙古的政治和西藏的宗教又结合起来，只是变成很多教派和很多部落的各自结合。

在清朝入关之前，满族就通过蒙古开始接触藏传佛教。清朝入关后，加强了对藏传佛教事务的管理。

第一，清朝皇帝变身为"活佛"。满人和藏人经过一番共同考证，惊喜地发现"满洲"和梵语的"文殊"一词发音非常相近。由此，清朝皇帝被塑造为文殊菩萨的转世，被纳入了藏传佛教的活佛体系，就更容易让藏人认同清朝的统治，也能够对其他活佛的权威形成制约。

第二，扶持黄教格鲁派。在藏传佛教各个派别中，黄教格鲁派具有比较优势。作为最后出现的教派，格鲁派是对之前的藏传佛教进行宗教改革的产物，比其他教派少了许多神秘色彩，更加理性化，有利于塑造稳定的政教体制。在藏区复杂的政教斗争中，格鲁派逐渐占据了上风。在蒙古部落长期争斗的过程中，格鲁派在蒙古达赖喇嘛的称号最初是俺答汗给的，是蒙语"达赖"（海）和藏语"喇嘛"（上师）的结合，意思是"拥有大海般广阔智慧的上师"；班禅博多克的封号则是固始汗给的，是梵语"班"（班智达简称，意为学者）和藏语"禅"（大）以及蒙古语"博客多"（智勇双全的英雄）的组合，意为智勇双全的英雄大师。清朝既保持二者原来的基本称呼，又进行一些变动。

地区获得主导的地位。清朝因势利导，对其加以扶持。

第三，由中央政府授予教派首领封号。达赖和班禅同属黄教格鲁派，其封号一开始是蒙古的部落首领给的。清朝把册封权从蒙古部落手里拿过来，重新赠予二者封号，把册封权归拢到大一统国家的中央政府手上。

第四，加强中央政府对活佛转世的管辖。当时活佛转世时，灵童主要靠有名望的巫师通过"降神"来指定。但是，有些巫师收了贿赂，就假借神谕，指定蒙古王公或藏区贵族家的儿童，甚至自己家的儿童为转世灵童，带来宗教的腐败与纷争。清朝时期，确立"金瓶掣签"的制度，增加了随机性比较强的抽签环节，由驻藏大臣到场监督并参与抽签，抽签结果还要由驻藏大臣报中央政府批准。一套正规程序下来，不仅有利于杜绝宗教领袖的变相世袭和垄断，而且加强了国家对西藏宗教事务的管理力度。

通过这些因势利导的举措，清朝中央政府一方面"兴黄教"，另一方面又将其有效纳入大一统国家政权的治理范围，而"蒙古的政治"则在藏区逐渐淡出。

（四）对蒙古各部："一座庙胜十万兵"

历史上，北方草原上的游牧民族，一直是中原王朝头顶的巨大挑战。清朝的前任明朝，竟然还发生皇帝被蒙古部落给掳走的事件。满族尽管也是马背上的民族，入关时还实现"满蒙联合"，但谁也不能确保草原上不会再度崛起另一个"成吉思汗"。

在挑战面前，清廷采取了一系列措施。他们继续使用婚姻这个古老的纽带，和蒙古贵族联姻——满族亲贵娶蒙古贵族女子做福晋，蒙古王公也被赐婚，娶清朝的公主、郡主。清朝时期，满族皇室和蒙古贵族的通婚，高达五百多次。一来二去，相互不断结成甥舅的关系。清朝还让那些蒙古王子在京城的姥姥家长大，和舅舅特别亲近；还把从内地征收上来的物品，赏赐给蒙古王公。大家不仅是亲戚，而且还给足利益，就算蒙古王公想造反，一来不好意思，二来也没啥动力。

光团结蒙古上层还不够，还得有效治理广袤的蒙古地区。清朝充分尊重蒙古族的风俗习惯，实行盟旗制度。以部落为旗，若干旗结成一个更大的盟。在盟旗制之下，牛羊照放马照跑，但是不能私自跨越每个旗各自的游牧范围，更不准侵夺草场，违者依法论处，法就来自上文所说的《蒙古律例》。本来，草原部落之所以具有战斗力，就在于高度的流动性，在流动中实现各部落力量的聚合。在盟旗制度之下，生活方式的流动性仍然被尊重，但是被"化整为零",被"井田化",其破坏性就被消解了。但是,光有制度还不够,毕竟草原太广袤,执法成本太高,如果违法者众,也管不过来,怎么办?

最根本的措施,叫做"兴黄教即所以安众蒙古"[1]:因势利导地利用蒙藏之间的宗教联系,大力支持藏传佛教在蒙古各部的传播,来根本解决众蒙古"不安"的问题。为此,历史上还留下"明修长城清修庙"的说法。

明朝为了防范蒙古各部,大规模修整长城。据历史学家估算,每修一公里长城,就要花掉近一万两白银。如果用好一点的材料,造价会提升至三倍——这还不算持续在沿线驻军的花销。明朝总共修了六千公里长城,而明朝在鼎盛时期的年财政收入,也不过四百万两白银。明朝后期高额的财政亏空,正是其灭亡的重要原因。

清朝已经实现长城内外的"大一统",有形的长城已经失去防御意义,反倒成为中原和草原之间的障碍,于是康熙皇帝宣布废除沿用了两千多年的长城。不过,如何让蒙古各部踏踏实实地待在草原上,不再南下作乱呢?修庙。当时,蒙古各部主要信奉藏传佛教中的黄教。藏传佛教的信徒,一般都从属于特定的寺庙。牧民可以移动,但寺庙是"不动产"。牧民可以适度地流动放牧,但不能离自己所属的寺庙太远。否则,怠慢了神佛,吃不了兜着走!这样一来,牧民的游牧半径,就被寺庙固定下来,形成一种"半定居化"

---

[1] 爱新觉罗·弘历:《喇嘛说》。

的状态。这靠的是自我内心的驱使，而不是外在制度的强制，有效性就更高。于是，修长城的建筑成本以及驻军成本、各种律例的执法成本等都可以被大量节省下来，转化成修庙的费用。庙宇修得越多、越庄严，牧民的流动性越低，人心越笃实，社会就越稳定。正是在这个意义上，乾隆皇帝曾深有感触地说："一座喇嘛庙，胜抵十万兵。"[①]

盟旗制度带来的"井田化"加上藏传佛教寺庙带来的"半定居化"，使得牧民的流动性进一步降低。困扰中原王朝两千多年的匈奴、蒙古难题，到清朝终于得到化解。不仅如此，安定的蒙古地区，还成为清朝抵御北方蠢蠢欲动的沙俄势力的一道新的"长城"。

正是因为藏传佛教在维系"满—蒙—藏"结合中的重要意义，清朝在作为第二政治中心的承德避暑山庄周围，修建了被称作"外八庙"的藏传佛教寺院群，其中喇嘛曾达到千余人之众。承德本来就位于农耕和游牧的交界处，且比北京更靠近草原。一些在北京不太方便进行的宗教仪式，可以放置在这个特定的政治和宗教空间中。藏区的喇嘛和蒙古的王公来到这里，和清朝皇帝共同浸润在藏传佛教的宗教氛围中，会别有一种宾至如归的亲切感。

（五）对新疆：复杂的"因俗而治"

蒙古以西、西藏以北，是地域广袤的新疆。清朝对新疆的治理，也体现出很高的"统战"水平。

[①]　乾隆皇帝称赞承德避暑山庄围墙外寺庙的诗句。

新疆的地形有"三山夹两盆"的说法：北边是阿尔泰山，南边是昆仑山，中间横着一道天山，把新疆主要分成两个大盆地。北边是准格尔盆地，南边是塔里木盆地。北边的准格尔盆地没被包裹严实，西部有缺口，放进来的暖湿气流保证了足够支撑草原畜牧业的降水量，其间的生活方式主要以游牧为主。南边的塔里木盆地四周被山脉封闭得比较厉害，降水量不足，气温又比北边高，于是形成大片的沙漠。但周围高山上的降雨或雪水融化汇入塔里木河等内流河，河水流向沙漠，沿线能够支撑起星星点点的绿洲农业。在这两大区域之外，天山东部南坡还有一个比较小的吐哈盆地，传统上又被称作东疆，与狭长的河西走廊的西端相连。河西走廊的东端，则连接着广袤的内地。因此，东疆与内地在经济文化上联系比较密切。

乾隆时期平定准噶尔叛乱之后，面对新疆地区的复杂情况，清朝同样采取"因俗而治"的政策，在加强中央集权、削弱地方分裂势力的同时，最大限度地照顾各地区各民族的传统习惯和民族情感。

在北疆哈萨克族和蒙古族聚居的地区，针对游牧部落的特点，主要实行和蒙古地区类似的札萨克盟旗制，分成若干札萨克旗，由当地王公贵族担任旗长，称为札萨克（蒙语"执政官"的意思），享有一定的民事权。

在南疆绿洲农业地区，原本实行伯克制（伯克为突厥语"头目"、"官吏"之意）。清朝对旧的伯克制进行改造，由朝廷任命原有官吏为各种伯克，管理各种社会事务，并废除伯克世袭，给予其和内地类似的各种品级，并实行回避制度。值得注意的是，在内地，留辫子是满人和汉人的义务，而在南疆，准许伯克及其子孙选择留发辫，反倒成为来自朝廷的特别恩宠，有助于增强他们对朝廷的向心力。

南疆地区当时已经流行从中亚传来的伊斯兰教。在把伯克改造为世俗官吏的同时，清朝还严格规范作为宗教势力的阿訇的职权。他们仅能参与像主持婚丧嫁娶、调停民事纠纷之类的民事活动以及一些文化教育活动，但不得干预行政、刑法和司法，并被禁止担任伯克。朝廷还禁止驻当地的大臣和阿訇有私人交往。这实际上是一种政教分离的制度。

东疆的哈密、吐鲁番一带和内地比较接近，汉族移民较多，纳入直接治理的时间较早，所以一些地方采用和内地相同的州县制，还有一些地方则采用札萨克制。

在清朝对新疆的治理中，如何处理与"回部"的关系，是一个重要的问题。这里的"回部"，是指信奉伊斯兰教的维吾尔、乌孜别克等族，当时主要分布在南疆和东疆。在平定准噶尔叛乱的过程中，当地许多上层贵族归顺清朝，被朝廷授予能够世袭的王公的爵位，有些还被授予一定的民事权，成为清朝治理回部的重要力量。在后来新疆发生的一些叛乱中，不少回部王公还自觉为维护国家统一做出了重要的贡献。

（六）清朝皇帝的多元身份

经过两百多年的努力，清朝运用复杂而高超的"统战"手段，把以"满、汉、蒙、回、藏"为代表的各个民族，有效团结在同一个大一统国家之中，这是清朝为中华民族多元一体格局所做出的巨大贡献。

如果要给清朝皇帝印名片，会发现其头衔颇为复杂：面对满人，他是族长；面对汉人，他是尊奉儒家之道的天子；面对蒙古人，他是满蒙联盟的大汗；面对回部，他是伊斯兰教的庇护者；面对藏人，他是文殊菩萨的化身和推动政教二道并行的转轮王。

辛亥革命后，清朝皇帝被迫退位。当时，《逊位诏书》中有一句极为重要的话：

> 仍合满、汉、蒙、回、藏五族完全领土，为一大中华民国。

并不复杂的二十个字，背后的意思却不简单。

以"满、汉、蒙、回、藏"为代表的中国各民族，在历史上长期互动交往，联系密切。在此基础上，通过对具有多元身份的皇帝的共同认同，经过两百多年更加密切的全方位互动，各民族事实上已经结成一个"你中有我、我中有你"的整体。这种互嵌式的联系，使得离开谁都会伤筋动骨。而退位诏书中的这二十个字，意味着清朝皇帝最后一次向各民族喊话："你们之前效忠我，现在我退位了，要把这种法权关系完整地转交给中华民国。"在世事浮动、人心纷扰的时刻，这二十个字实际上组成一根"定海神针"。对于当时各种谋求分裂的举动，这二十个字可谓"釜底抽薪"，令其缺乏最高的合法性。这是一种"国权"的和平让渡，是现代中国继承传统版图的重要法理依据。

据说，清朝大多数皇帝都会讲三种语言：满语、汉语、蒙古语。乾隆皇帝还随着版图的拓展，不停地学习新的语言。算下来，乾隆会的语言竟有五六种之多。这样当皇帝实在不轻松。当皇帝能够熟悉这些主要少数民族的语言，并问候其首领，甚至不用翻译也能交谈，能让后者在离家千里之外的都城里也生出一种"自己人"的感觉。

> **知·识·链·接**
>
> 乾隆八年始习蒙古语；二十五年平回部，遂习回语；四十一年平两金川，略习番语；四十五年因班禅来谒，兼习唐古拉语。是以每岁年班，蒙古、回部、番部到京接见，即以其语慰问，不藉舌人传译……燕笑联情，用示柔远之意。（爱新觉罗·弘历：《上元灯词有序》）

所谓"天下归心"，还真不是一件容易的事儿。

小 结

一

随着历史的发展，大一统格局也在逐渐拓展与深化。讨论这个问题，需要考察农耕文明与游牧文明的互动关系。以400毫米等降水线为界，中国大体上被分为北方游牧区和南方农耕区。二者相互之间是高度依赖的：北方游牧区需要南方农耕区的生活必需品，而南方农耕区则需要北方游牧区的战略物资。前者离开了后者，生活难以继续；后者离开了前者，秩序难以维护。这种基于地理和气候因素的依赖关系，叠加上气候上长线的冷暖期变迁，促使二者之间时而通过贸易互通有无，时而通过战争达成平衡。在漫长的历史中，北方游牧民族总体上对"大一统"发挥了三种作用：施压者、维护者和拓展者——在没进入南方之前，他们的压力促使南方形成以农耕区为主体的"大一统"；在进入中原之后，他们大多积极学习中原的生产方式、政治制度和文化，与原有的中原政权分享或争夺正统，比如两宋时代的辽、金乃至偏居河西走廊的西夏，都在这方面特别用心；而元朝和清朝作为少数民族建立的统一王朝，更是成为"大一统"的积极拓展者。

二

崛起于漠北草原的蒙古，靠着草原民族的血气与铁骑，以及吸纳众多民族的利益共享机制，建立了横跨亚欧的蒙古帝国，而元朝则是这个帝国的核心。元朝再一次结束了唐末至南宋长时期的"分裂"局面，拨正了"大一统"的历史航向。元朝以其广袤的疆域，实现从"小中国"到"大中国"的转变，扩大了"大一统"的空间格局；元朝实行以"犬牙交错"为主导原则的行省制度，强化了"大中国"的政治整合；元朝营建气势恢宏的大都，大规模维修大运河，开发海运，打造贯通南北、纵横四方的交通和物流系统，促进了"大中国"的内部交流；元朝分别打通了陆上和海上丝绸之路，通过蒙古帝国横跨欧亚的贸易大循环，把中国嵌入更大的世界经济体系，强化了"大中国"的外部联系。总之，正是从元朝开始，一个"大中国"的时代逐渐来临，中国"同心圆"的规模与体量逐渐生长、变大。

元朝的贡献，在于空间、物资层面的开拓、贯通，而元朝的软肋，则在于精神层面的纠结，未能实现草原文化与中原文化的有机融合。明朝在元末农民起义中崛起，对"大一统"做出了自己的卓越贡献。面对少数民族建立的元朝，明朝并没有否定其政治地位，而是大大方方地承认其为正统中原王朝，保持了"大一统"的连续性。作为以汉人为主体建立的王朝，明朝没能有效统合北方的蒙古草原，但通过册封、互市等方式与其保持密切的政治和经济联系。明朝延续了元朝对东北、西藏、云南等少数民族地区的管辖，维护了"大中国"的总体态势。在西南、西北和中南的少数民族地区，明朝还通过"改土归流"，逐步取消当地的"土皇帝"，加强了"大中国"的族群整合。而在周边地区，明朝通过"厚往薄来"的朝贡体系，维护了东亚及东南亚的和平，延续了"大中国"对周边地区的影响力。

明朝末年再一次陷入"王朝周期律"的历史困境，清朝在东北崛起，最终取代明朝，成为新的大一统王朝。清朝厘清了"华夷之辨"，用儒家的"以德配天"取代一些反清士人主张的"以地判人"，成功地处理了少数民族入主中原的正统性问题。在此基础上，与元朝相比，清朝更加高明地处理好了与中原文化的关系：既全方位学习中原文化，又在很长时期内没有丢掉马背上的"野蛮精悍之血"，给"大一统"带来恢弘蓬勃的全新气象。在以现代民族国家为基本单位的世界体系逐渐形成、西方列强对中国及其周边虎视眈眈之际，清朝比此前任何朝代更加有力地统合了蒙古、西藏、新疆、东北和台湾，维护和拓展了"大中国"的基本格局，为现代中国奠定了版图基础。清朝通过数代有为皇帝的有效治理，保持了社会的长期稳定，为中华民族在近现代的生存和发展带来巨大的人口优势。在广袤的国土内，清朝积极促进各地区之间的人口流动，加强了社会经济交流，实现了边疆国土的有效开发。最值得称道的是，清朝因地制宜地采用极其灵活的"统战"手段，处理各民族之间的复杂关系，把中原、草原、雪域、西域、海洋等文化板块融为一体，为中华民族多元一体的格局做出了巨大贡献。

三

如果对比和清朝差不多同一时期的其他大帝国，比如奥斯曼帝国和莫卧儿帝国，就更能看出清朝对中国"大一统"的重大贡献。

奥斯曼帝国早在 13 世纪中叶就开始立国，后来发展成地跨亚欧非的大帝国。信仰伊斯兰教的奥斯曼帝国横在亚欧之间，阻断通往东方的商路，一度让信仰基督教的欧洲各国非常头疼。但是，这个广袤的帝国主要建立在军事征服和野蛮掠夺的基础之上，境内的许多民族各自信仰不同的宗教，帝国却又不能像清朝那样实现有效的统合，最终各地区纷纷起义，内部战乱不断，国力衰弱。西方列强瞅准机会，扑上去将其肢解了事。于是，帝国的很多地方沦为殖民者的托管地或殖民地。如今，奥斯曼帝国的母体上竟分出 40 多个国家。

16 世纪初，土耳其人和蒙古人后裔打到印度后建立的莫卧儿帝国，在奥朗则布大帝（1618—1707）统治的 50 年中走向鼎盛。但是，信仰伊斯兰教的奥朗则布，没有清朝统合各民族的"统战"智慧，只知道维护极少数伊斯兰教封建领主的利益，迫害占人口绝大多数的印度教居民，使得莫卧儿帝国呈现"其上层建筑是穆斯林的，而基础则是印度教的"① 文化撕裂局面，最终只留下一个四分五裂的孱弱帝国。于是，葡萄牙、荷兰、法国等西方列强都跑来侵略殖民，然后英国又把它们赶跑，自己将其独吞。英国的东印度公司，之所以用几千人就吞并了持续数百年的印度莫卧儿帝国，靠的就是"印度人打印度人"这个招数，利用帝国的分裂格局做文章，挑拨各地的土王相互打来打去，而英国坐收渔翁之利。后来，印度尽管在新的国际形势下实现独立，但被分成印度、巴基斯坦和孟加拉国三国，国家内部各个地区的整合程度也相对有限。

四

尽管清朝后期面对西方列强也出现不断割地赔款的局面，尽管遭受太平天国运动的猛烈冲击，但是清朝仍然维护住了基本的版图格局。其实，不管是前期和中期对版图的经营，还是后期对疆域的维护，清朝靠的并非只有武力，甚至主要不是武力，而是那种似乎与生俱来的"统合"之力。

拉铁摩尔等边疆史地学家谈到中国时指出，起自东北的政权往

---

① [美] 斯塔夫理阿诺斯：《全球通史》，吴象婴、梁赤民译，青海人民出版社 2003 年版，第 182 页。

往具有更开阔的视野和更灵活的政治手段。①这就要说到"过渡地带"的问题。

在 400 毫米等降水线两边，有一个半农半牧的区域，就属于农牧业的过渡地带。长城沿线有一个狭长的地带，也属于这样的区域。此外，还有一个更大的过渡地带，就是东北。东北北边连通着呼伦贝尔大草原，南边则是在长城以外、但经常接受中原王朝统治的辽东宜农区。而在河流密布、湖泊众多的大兴安岭，则生活着以渔猎为主的许多民族。东北的东侧，还连通着大海和朝鲜半岛。②耕地、草原、森林、海洋等汇聚一处，构成拉铁摩尔等人所说的"更开阔的视野"；农耕、游牧、渔猎、海洋等不同生活方式的民族相互打交道的过程中，也容易发育出"更灵活的政治手段"。与作为其前辈的金朝相比，清王朝吸取其亡国之教训而做到了"后出转精"，故能统合更广；与纯粹来自草原的蒙元相比，清王朝更懂得不同的族群及其文明如何交融，故能享国更长。这种来自复杂的过渡地带的"统战"智慧，最终有机会在更广阔的天地中驰骋施展，统合出一个规模更宏阔、内部联系更紧密的"大中国"。

对今天影响深远的"大中国"格局，由元朝启其端，明朝承其绪，而清朝集大成。在这个前后六百多年的漫长历史进程中，中国的疆域版图逐渐拓展，对各地区的行政治理逐渐优化，对边疆的治

---

① 参见张志强：《超越民族主义："多元一体"的清代中国——对"新清史"的回应》，《文化纵横》2016 年第 2 期。
② 参见施展：《枢纽：3000 年的中国》，广西师范大学出版社 2018 年版，第 69—77 页。

理也日益深化，各民族之间的经济文化联系日益密切，而中国也始终维持着自己对周边地区的影响力。由清朝逐渐凝固下来的"大一统"的成果，成为现代中国的"基本盘"。

结　语

一、"三千年未有之大变局"

总体而言，以地理和气候方面的"硬件"条件为基础，中国更容易形成一种"同心圆"的格局。"同心圆"的关键，在于整体高于部分。如何夯实"同心圆"的整体性？这就需要考察中华文明源远流长的"大一统"传统。在殷周之变中，中华文明实现从尊神到敬德的转变，把"大一统"的根基牢牢建立在人的道德而非神的旨意之上；在周秦之变中，中国政治实现了从封建到郡县的转变，为"大一统"的秩序提供了"儒法合流"的整合纽带；在唐宋之变中，中国社会结构实现从豪族到平民的转变，"大一统"的政治通过科举制度获得人才基础；在由元而清的历史中，在各个民族尤其是一些少数民族的贡献下，中华"大一统"迈向"大中国"时代。

"大一统"三个字，对中国和世界意义重大。不妨说一个"硬"一点的事实。

研究中国古代科技史的西方学者李约瑟，曾授权其同事坦普尔从《中国科学技术史》中抽取了部分内容撰写出一本普及型读物

《中国的创造精神——中国的100个世界第一》。坦普尔在书中承认"'现代世界'赖以建立的种种基本发明和发现，可能有一半以上源于中国"。[①]根据《世界自然科学大事年表》统计，在16世纪以前，世界上重要的科技发明与科学发现大约有300项，其中中国大约有175项，占比是57%以上。[②]必须肯定，在人类改造自然的能力还比较弱小的时候，中华"大一统"文

明凝聚了集体的力量，推动了技术的进步和扩散，为西方工业革命提供了足够的技术积累。

　　古代西方在"大分裂"之中，长期为战乱纷争所困扰。不过，当人类技术积累发展到更加倚赖个体创造力的时候，到后期专制色彩日益加深的中华文明却缺乏推动技术变革的内生性力量，而西方在"大分裂"的拼图格局下逼出的"契约精神"，却有效保护

---

① ［英］R.坦普尔：《中国的创造精神——中国的100个世界第一》，陈养正译，人民教育出版社2002年版，第7页。

② 参见《世界自然科学大事年表》，上海人民出版社1975年版。

③ 参见［英］R.坦普尔：《中国的创造精神——中国的100个世界第一》，陈养正译，人民教育出版社2002年版，第8页。

了个体的创造力，推动了技术的进步。① 契约精神还促进了西方的海外殖民活动，为工业生产提供了广阔的原材料产地和市场空间。工业化释放出来的经济活力，加上现代民族国家体制提供的高度组织动员能力和财政汲取能力，使西方获得对包括中国在内的世界其他地区的显著比较优势。几百年此消彼长，待到1840年中西第一次正面交锋，二者高下立判，中国面临"三千年未有之大变局"。

从此之后，清朝在西方列强的一次次侵略后一次次签订不平等条约，"王者无敌"变成了主权对等；一次次割地，"王者无外"变成了固定边界；四周的藩属国，也不断被列强变成殖民地，清朝丧失对其的宗主权，"守在四夷"变成了危机四伏。甚至清朝直接管辖的版图，也变成各大列强的势力范围，天朝上国自身难保。于是，曾经长期维系周边地区和平秩序的、古老的天下体系终于崩溃，中国只好作为一个普通国家，被动加入列强主导的民族国家体系，而且只能在该体系中处于边缘地位。

二、"大一统"的重建与升华

幸运的是，在有识之士的努力下，清朝奠定的各民族多元一体格局，在进入民国后以"五族共和"的形式基本上被保住了，中国暂时避免了四分五裂的危险。一些有识之士进一步发展出"中华

① 参见刘哲昕:《精英与平民：中国人的民主生活》，法律出版社2014年版，第12—23页。

民族"的概念，从"五"归到"一"，为进一步凝聚各个民族提供了观念框架。在抗日战争中，各民族共同面对同一个强大的敌人，一些学者更加旗帜鲜明地提出"中华民族是一个"的口号，而各民族也在同仇敌忾的团结协作中，构筑了一道共同防御外敌的血肉长城。经过抗日战争血与火的考验和洗礼，"中华民族"的观念逐渐深入人心，中国由此获得"民族国家"需要的民族认同。

不过，如何把中华民族真正凝聚起来，还需要更有效的组织动员。面对"三千年未有之大变局"，洋务派从器

知·识·链·接

抗日战争期间，顾颉刚提出"中华民族是一个"的主张，引发知识界的积极回应。傅斯年、张维华、白寿彝、杨向奎、翦伯赞、吴文藻、费孝通等学者都发表文章，对这一主题进行深度探讨。其中不少学者从各个角度论证中华民族自古以来就是一个包容性极强的整体，而非多民族搭建起来的积木。

著名思想家熊十力经常对学生讲："吾有一坚确信念：日本人决不能亡我国家，决不能亡我民族。"①

物层面进行过艰苦的努力，维新派、革命派、立宪派等从制度上进行过诸多尝试，但都没能找到根本答案。囿于历史的局限，他们甚至连根本问题都没能摸准。孙中山看准了变局之下最根本的问题，

---

① 　熊氏之言参见熊十力：《中国历史讲话》，《熊十力全集》第 2 卷，湖北教育出版社 2001 年版，第 759 页。

就是"四万万人一盘散沙"。随着当时世界形势的变化，孙中山试图学习苏俄，走"以党建国"的新路，靠具有高度纪律性和组织性的政党，把中国社会重新凝聚起来。但是，由于忽视阶级立场的问题，蒋介石最终倒向帝国主义和大地主大资产阶级，使得国民党依然无法完成整合"一盘散沙"的任务。

另一方面，当器物和制度层面的探索未能成功，有识之士把目光转向文化的反思。"一战"后西方文明自身陷入危机，于是"在西方反西方"的马克思主义被引入中国。同样基于列宁主义的政党建设原则，以马克思主义为指导的中国共产党得以成立。马克思主义看到，从事大机器生产的工人阶级具有极强的组织性、纪律性和革命性。中国共产党结合中国作为农业大国的特点，把工人阶级的这些先进性注入以农民为主力的中国革命之中，最终完成了对各个阶级的有效整合，为解决"一盘散沙"问题找到了答案。

这是一个颇为辩证的过程。所谓"三千年未有之大变局"，实际上是工商业文明对农牧业文明的降维打击。克服这个变局的答案，只能在工商业文明中汲取。但是，光靠跟在"先生"屁股后面亦步亦趋，学习其器物或制度，还是只有挨"先生"打的份。最终，中国选择了"在资本主义反资本主义"的马克思主义，看到"先生"的软肋而力求超越之。工人阶级本来属于资本主义的生产体系，有在该体系的大机器生产中磨炼出来的、可贵的组织性、纪律性——这正是治"一盘散沙"的"药"；又因被剥削、受压迫而具有推翻该体系的革命性——这正是反对帝国主义的"志"。二者都极其符合改变中国现状的需要。中国共产党的创造性在于，面对农民占人口绝大多数的具体国情，通过马克思主义中国化，充分发挥人的主观能动性，发挥思想上层建筑对经济基础的反作用，用基于工人阶级的组织性、纪律性和革命性，去组织和动员最广大的农民阶级。再用民族性去统合其他的阶级，结成统一战线，共同完成推翻帝国主义、封建主义和官僚资本主义这"三座大山"的任务。

以告别"一盘散沙"、实现充分整合的"人民"为基础，中国共产党走过土地革命、抗日战争和解放战争的烽烟，建立新中国，在现代世界体系中维护和重建了中华大一统格局。在抗美援朝战争中，中国把世界第一强国美国及其纠集的"十六国联军"从鸭绿江打回三八线，帝国主义从此再不敢小觑中国，中华民族终于找回了百余年来被列强碾压的民族自尊和自信。通过"前三十年"和"后四十年"的努力，中国在中国共产党的领导下开启了工业化的进程，实现了"大一统"在现代工商业文明条件下的升级换代，为"大一统"的"古今之变"交上了一份出色的答卷。

回顾面对"三千年未有之大变局"的答题过程，可以发现这是一个各种政治力量不断努力、不断试错的过程，也是一个不断接力、不断深化的过程。先行者虽然失败，但为后来者提供了重要的提醒。大多数政治力量都代表某些特殊阶级的利益，因此其试错通常会以全盘性的颠覆为代价。中国共产党在实践和探索过程中也出现过一些曲折和失误。但是，与其他政治力量不同的是，中国共产党始终代表最广大人民群众的根本利益，没有政党的私利，所以总能秉持公心，客观总结经验教训，及时调整战略和策略。这种强大的自我纠错机制，是中国共产党能够在夺取政权后长期执政的重要保证，也是中国共产党能够引领中华民族伟大复兴的重要原因之一。

这正是"大道之行，天下为公"的精意吧！

三、文明的使命与担当

当前，世界正经历"百年未有之大变局"。随着一大批新兴国家开始成为知识、技术、信息的生产源和传播源，延续几个世纪的"大西洋时代"，已经演变为大西洋和太平洋"两洋"并举并重的新时代。长期以来，发达国家"治人"、发展中国家"治于人"的全球治理格局，也出现了新的变化趋向。尤其是伴随中国特色社会主义的不断发展完善和一些转轨国家在制度上的不断探索，世界范围的思想、观念、制度、模式也呈现出日益多元的格局。①

这个"百年未有之大变局"，本质上或许是对"三千年未有之大变局"的一种"反转"。在这个历史的关口，中华大一统传统，能予以我们哪些启迪？

一方面，要铸牢中华民族共同体意识。

在西方，长时间的分裂导致战乱频繁，现世的生活总容易被打破，人们转而寄希望于彼岸的天国，宗教成为动荡不安的人们的避难所。相比之下，对中国人而言，动辄两三百年的"大一统"，可以跨越好几代人的生命周期，很多人甚至一生都不知道战争是怎

---

① 参见罗建波：《从全局高度理解和把握世界百年未有之大变局》，《学习时报》2019年6月7日。

回事。因此，现世的家国，足以为人们的生活提供最基本的依靠，也成为中国人最底层的信仰。家是生命的纵向传承，国则是生命的横向互助。① 这一纵一横，托起"大一统"深邃而广阔的维度。

因此，作为一个中国人，对于当代中国，首先必须坚持：国土不可分、国家不可乱、民族不可散、文明不可断。这是"大一统"传统下的"家国情怀"在当代的集中表达，也是铸牢中华民族共同体意识的内在要求。

另一方面，要推动构建人类命运共同体。

共同体是应对挑战的有效组织形态。挑战的规模，要求相应的共同体量级。当前，面对气候变暖、环境污染以及新冠肺炎疫情等全球性问题，世界各国需要加强全方位的协作，才能使人类凝成一个整体去战胜共同面

知·识·链·接

与其说中国人是有对外推行征服主义野心的民族，不如说是在本质上希望本国和平与安泰的稳健主义者。实际上，只要不首先侵犯中国，中国是从不先发制人的……

就中国人来说，几千年来，比世界任何民族都成功地把几亿民众，从政治文化上团结起来。他们显示出这种在政治、文化上统一的本领，具有无与伦比的成功经验。②

---

① 参见刘哲昕：《我们为什么自信》，学习出版社 2018 年版，第 150—159 页。

② ［日］池田大作、［英］阿·汤因比：《展望 21 世纪》，荀春生、朱继征、陈国良译，国际文化出版公司 1997 年版，第 280、283—284 页。

临的挑战。传统民族国家的治理格局，在这方面难以提供有效的制度供给，因此全球迫切需要更加合理的治理结构。中国提出推动构建人类命运共同体，就是在这方面做出的积极尝试。

中国的大一统传统具有处理大规模人口、多元文明形态的历史经验，可以为构建人类命运共同体提供中国智慧和中国方案。其实，所谓"大一统"，本质上就是要不断追求更高层次的公共性。中华文明努力的重心，不是像西方文明那样靠民族主义去强加于人，而是以文明的交往交流交融达成这种公共性。这是"六合同风、四海一家"的大一统传统，留给当今中国和世界的宝贵财富。

当前，站在历史潮头的中国共产党庄严宣告："中国共产党从成立之日起，既是中国先进文化的积极引领者和践行者，又是中华优秀传统文化的忠实传承者和弘扬者。"[①]"中国共产党继承了中华民族的文化根脉和精神追求，中国特色社会主义道路是中华民族悠久历史的延续。"[②]中共十九届四中全会强调，中国特色社会主义制度和国家治理体系"具有深厚中华文化根基"。[③]这是大一统传统下的政治自觉，更是渊源于五千多年悠久历史的文明担当。中国共产党因为传承和弘扬中华文明而深谙中国执政规律，而中华文明正是凭借着中国共产党强大的组织力量而完成伟大的现代转型。

"桃李不言，下自成蹊。"

----

① 习近平：《决胜全面建成小康社会　夺取新时代中国特色社会主义伟大胜利——在中国共产党第十九次全国代表大会上的报告》，《人民日报》2017 年 10 月 28 日。

② 《十八届中央纪律检查委员会向中国共产党第十九次全国代表大会的工作报告》，《人民日报》2017 年 10 月 30 日。

③ 《中共十九届四中全会在京举行》，《人民日报》2019 年 11 月 1 日。

"潜移默化，水滴石穿。"

"大音希声，大象无形。"

——这是习近平同志对中华文明的自信、耐力与定力的生动描述，也正是中华文明得以"天下归心"的根本缘由。①

---

① 参见《习近平同德国汉学家、孔子学院教师代表和学习汉语的学生代表座谈》，《人民日报》2014 年 3 月 30 日。

主要参考文献

一、著作

毛泽东：《毛泽东读文史古籍批语集》，中央文献出版社 1993 年版。

波音：《草与禾：中华文明 4000 年融合史》，中信出版集团 2019 年版。

陈寅恪：《陈寅恪集·金明馆丛稿二编》，生活·读书·新知三联书店 2001 年版。

冯友兰：《中国哲学史》（上），重庆出版社 2009 年版。

郭沫若、胡厚宣主编：《甲骨文合集》，中华书局 1982 年版。

韩毓海：《龙兴：五千年的长征》，中信出版社 2019 年版。

李泽厚：《论语今读》，生活·读书·新知三联书店 2008 年版。

刘守刚：《中国财政史十六讲：基于财政政治学的历史重撰》，复旦大学出版社 2017 年版。

刘哲昕：《精英与平民：中国人的民主生活》，法律出版社 2014 年版。

刘哲昕：《文明与法治：寻找一条通向未来的路》，法律出版社
2014年版。

刘哲昕：《我们为什么自信》，学习出版社2018年版。

马汝珩、马大正主编：《清代的边疆政策》，中国社会科学出版
社1994年版。

刘俊文主编：《日本学者研究中国史论著选译》，中华书局1992
年版。

瞿林东主编，刘家和、易宁等：《历史文化认同与中国统一多
民族国家》第五卷，河北人民出版社2013年版。

施展：《枢纽：3000年的中国》，广西师范大学出版社2018
年版。

苏力：《大国宪制》，北京大学出版社2018年版。

田余庆：《东晋门阀政治》，万卷出版公司2011年版。

国家图书馆编：《大国价值》，国家图书馆出版社2017年版。

王国维：《观堂集林》，中华书局1959年版。

熊十力：《中国历史讲话》，《熊十力全集》第2卷，湖北教育
出版社2001年版。

许宏：《何以中国》，生活·读书·新知三联书店2016年版。

许倬云：《万古江河：中国历史文化的转折与开展》，湖南人民
出版社2017年版。

许倬云：《中西文明的对照》，浙江人民出版社2016年版。

张宏杰：《简读中国史》，岳麓书社2019年版。

张文木：《气候变迁与中华国运》，海洋出版社2018年版。

赵汀阳:《惠此中国:作为一个神性概念的中国》,中信出版社 2016 年版。

郑也夫:《神似祖先》,中国青年出版社 2009 年版。

[德] 贡德·弗兰克:《白银资本:重视经济全球化中的东方》,刘北成译,中央编译出版社 2008 年版。

[法] 伏尔泰:《哲学辞典》,王燕生译,商务印书馆 1991 年版。

[加] 贝淡宁:《贤能政治》,中信出版社 2016 年版。

[美] 费正清:《伟大的中国革命》,刘尊棋译,世界知识出版社 1999 年版。

[美] 斯塔夫理阿诺斯:《全球通史》,吴象婴、梁赤民译,青海人民出版社 2003 年版。

[日] 池田大作、[英] 阿·汤因比:《展望 21 世纪》,荀春生、朱继征、陈国良译,国际文化出版公司 1997 年版。

[日] 高木智见:《先秦社会与思想:试论中国文化的核心》,何晓毅译,上海古籍出版社 2011 年版。

[日] 杉山正明:《忽必烈的挑战:蒙古帝国与世界历史的大转向》,周俊宇译,社会科学文献出版社 2013 年版。

[意] 利玛窦、[比] 金尼阁:《利玛窦中国札记》(上册),何高济、王遵仲、李申译,商务印书馆、中国旅游出版社 2017 年版。

[英] R.坦普尔:《中国的创造精神——中国的 100 个世界第一》,陈养正译,人民教育出版社 2002 年版。

[英] 弗雷泽:《金枝》,徐育新、汪培基、张泽石译,中国民间文艺出版社 1987 年版。

二、论文

习近平：《坚持和完善中国特色社会主义制度推进国家治理体系和治理能力现代化》，《求是》2020 年第 1 期。

陈支平：《朱子学·理学：唐宋变革与明清实践》，《厦门大学学报（哲学社会科学版）》2014 年第 3 期。

葛亮：《一百二十年来甲骨文材料的初步统计》，《汉字汉语研究》2019 年第 4 期。

葛兆光：《既"杂"且"多"的传统》，《光明日报》2011 年 2 月 18 日。

李伟：《中国文明的形成：从满天星斗到多元一体——专访探源工程负责人之一、北京大学考古文博学院院长赵辉》，《三联生活周刊》2012 年第 40 期。

罗建波：《从全局高度理解和把握世界百年未有之大变局》，《学习时报》2019 年 6 月 7 日。

张志强：《"良知"的发现是具有文明史意义的事件——"晚明"时代、中国的"近代"与阳明学的文化理想》，《文化纵横》2017 年第 4 期。

张志强：《超越民族主义："多元一体"的清代中国——对"新清史"的回应》，《文化纵横》2016 年第 2 期。

章毅：《理学社会化与元代徽州宗族观念的兴起》，载常建华主编：《中国社会历史评论》第 9 卷，天津古籍出版社 2008 年版。

［美］弗朗西斯·福山：《没有放之世界皆正确的政治制度》，《红旗文稿》2015 年第 9 期。

后 记

博士求学期间，我对春秋公羊学逐渐产生浓厚的兴趣。《公羊传》开宗明义地亮出"大一统"三个字。围绕对这三个字的理解，我在博士论文中写了一万多字的内容，后来还单独整理成论文发表。

到中央社院工作后，我于2017年底被安排讲授《中华文化要义：大一统》课程。尽管课程所讲的"大一统"，与《公羊传》的原意有些差异，但这恰恰驱动我一头扎进历史，大量阅读文献并深入思索。课程原本要求提供3万字的讲稿，我一口气写了8万多字。在北大任教、指导社院教改的张梧老师帮我一起理清了课程思路和重点，谨致谢忱。通过试讲后，课程于2018年9月开始在学院正式讲授。得益于教务部门的牵线搭桥，我到清华大学"学堂在线"完成慕课录制。2019年4月，慕课在"学堂在线"上线；6月，在"学习强国"上线。感谢学院教务部门为课程提供的展示平台。

2019年11月，学院组织编写"中国共识"丛书，教务部门安排我在该课程的基础上，写作一本普及性读本。之前零散写作过一些同类文本，但写一整本还是第一次。由于已有8万多字的讲稿，有百余次的院内外授课经验，我本以为可以很快完成。孰料完成初

268

稿时，已到 2020 年 7 月底了。而这还是在新冠肺炎疫情期间，有较多整块写作时间的情况下才实现的。立言之难，事者自知。此后，人民出版社毕于慧老师和北京大学张梧老师提出一些修改意见，我尽量加以吸纳。该书的篇幅也从 23 万余字压缩到约 15 万余字。

感谢潘岳同志推动的中央社院教学改革事业，感谢张梧、毕于慧两位老师对本书在智识上的直接贡献，感谢毕老师为本书编辑付出的辛劳，感谢中央社院教务部孙照海同志为本书出版所做的大量工作，感恩楼宇烈、郑也夫、杨立华、李道湘、于铭松等师长对我在学术上的指导和提携，还要感谢所有听课学员在课堂互动中给我的诸多启发。

中央社院的学员来自各个阶层，遍布五湖四海。这个独特的讲台，让我深深体会到"家国"的分量。家国从来不虚空，尽在吾辈硬扛中。能够为"以文化认同促进政治共识"略尽绵薄，我深感荣幸。而能够占用大量非工作时间写完本书，还要感谢我的妻子李星儒女士操持繁琐的家事，毕竟小女刚满三岁。

我在写作过程中查阅了大量著作和论文，已尽量标明出处。本书是普及性读物，辗转眷写大量参考文本之余，注释上难免挂一漏万，敬希作者海涵并深致谢意与歉意。水平见识有限，不当之处，亦请读者诸君批评指正。

李勇刚

2020 年冬于中央社院

责任编辑：毕于慧
封面设计：林芝玉
版式设计：汪　莹

图书在版编目（CIP）数据

天下归心："大一统"国家的历史脉络／李勇刚 著．—北京：人民出版社，2021.3
　（2025.5 重印）
ISBN 978－7－01－022772－6

I.①天…　II.①李…　III.①中华文化－文化模式－研究　IV.① G122

中国版本图书馆 CIP 数据核字（2020）第 244464 号

天下归心

TIANXIA GUIXIN
——"大一统"国家的历史脉络

李勇刚 著

人民出版社 出版发行
（100706　北京市东城区隆福寺街 99 号）

北京建宏印刷有限公司印刷　新华书店经销

2021 年 3 月第 1 版　2025 年 5 月北京第 3 次印刷
开本：710 毫米 ×1000 毫米 1/16　印张：17.25
字数：180 千字

ISBN 978－7－01－022772－6　定价：55.00 元

邮购地址 100706　北京市东城区隆福寺街 99 号
人民东方图书销售中心　电话：（010）65250042　65289539